설교, 기술인가? 능력인가?

설교
기술인가? 능력인가?

웨슬리연구회 엮음

kmc

설교, 말씀의 울림과 하나 되는 일

저희를 진리로 거룩하게 하옵소서
아버지의 말씀은 진리니이다(요 17:17)

마음이 통하는 사람과 만나면 설명할 수 없는 기쁨을 느낍니다. 오래 만난 것도 아닌데 공감이 되고 편안하고 즐겁습니다. 갈증 후에 만나는 청량수와 같은 사람이 있습니다. 무어라 말로 설명할 수는 없지만 마음이 통하는 그런 친구에게는 나이가 문제가 되지 않고 학벌이나 직업도 문제 되지 않습니다. 그저 같이 있는 것만으로도 충분합니다. 무슨 이야기를 해서라기보다 함께 있는 것 자체가 기쁨입니다. 울림이 서로 같기 때문입니다.

모든 피조물은 그 고유의 진동수를 갖고 있습니다. 사람도 그렇습니다. 그 마음의 진동, 영혼의 울림이 같은 사람을 만나면 설명할 수 없는 편안함과 기쁨을 느끼게 됩니다. 가족이 편안한 것도, 오랜 친구와 마음이 통하는 것도 그 울림이 같기 때문입니다.

서로의 진동수를 맞출 때(공진 共振), 울림을 맞출 때(공명 共鳴), 치유가 있고 위로가 있고 기쁨이 있습니다. 내 생각을 주장할 때가 아니라 그의 생각에 나를 맞출 때 '내가 위로받고 있구나, 내가 사랑받고 있구나.' 라고 느끼게 됩니다. 이처럼 사람의 마음이 일치하게 되면 큰 힘이 있습니다. 그 순간에 내 안에 꽁꽁 얼어 있던 두려움이 깨어지고, 두껍게 쌓아올렸던

벽도 무너지는 것입니다. 이것이 공명의 힘입니다.

설교는 말씀의 '진동'과 성도들을 하나 되게 하는 것입니다. 설교자와 공감(共感)하는 것이 아니라, 말씀과 공진(共振)하도록 돕는 것이 설교의 목적입니다. 말씀의 울림에 자신을 맞출 수 있도록 초청하고 인도하는 것이 설교입니다. 말씀과의 공진이 일어나면 놀라운 일이 일어납니다. 형언할 수 없는 기쁨과 감격, 평안과 감동이 있습니다. 히브리서 기자는 이것을 이렇게 표현하고 있습니다.

"하나님의 말씀은 살았고 운동력이 있어 좌우에 날선 어떤 검보다도 예리하여 혼과 영과 및 관절과 골수를 찔러 쪼개기까지 하며 또 마음의 생각과 뜻을 감찰하나니"(히 4:12)

말씀의 울림에 나를 맞추면 내 심령의 골수가 쪼개집니다. 내 안에 있는 죄성(罪性)이 깨집니다. 슬픔이 깨집니다. 의심이 깨집니다. 두려움이 깨집니다. 오만함이 깨집니다. 병이 낫습니다. 희망이 생깁니다. 변화가 일어납니다. 이것이 설교입니다.

그래서 설교는 설교자의 재능보다 설교자의 겸손과 순종으로 준비되는 것입니다. 설교자가 먼저 말씀과 하나 되지 못하면 설교는 공허합니다. 울림이 없습니다. 능력이 없습니다. 그러므로 설교자는 자신의 관심에 말씀을 맞추려는 시도를 멈춰야 합니다. 도리어 말씀의 논리에 내 생각을 맞추어야 합니다. 그래서 말씀이 정확히 무엇을 말하고 있는가, 왜 그렇게 말하고 있는가를 정확히 이해해야 합니다. 그러면 말씀의 사고방식이 내 사고방식이 됩니다. 이것이 울림을 같이 하는 일입니다.

또한 설교자는 말씀의 '진동'에 자신의 행동을 맞추어야 합니다. 몸이 말씀과 완벽히 공진할 때까지 멈추어서는 안 됩니다. 몸은 머리보다 늦게 배우지만 머리보다 오래갑니다. 몸이 말씀을 배우게 하는 것이 말씀과 울림을 같이 하는 것입니다. 이렇게 하면 말씀의 울림이 내 몸과 마음에서 공명으로 나타나게 됩니다. 그러면 심령의 골수가 쪼개지고 죄성(罪性)이 부서지는 역사가 일어납니다.

우리는 설교자로 부름받았습니다. 운동선수가 운동을 못한다는 것은 변명이 될 수 없습니다. 운동선수는 끊임없이 기량향상을 위해 노력하고 땀을 흘립니다. 좋은 설교자가 되기 위한 우리의 노력 또한 단 한 순간도 소홀해져서는 안 될 것입니다. 설교는 얄팍한 기술로 만들어지지 않습니다. 하나님 앞에서의 진실과 겸손이 설교를 능력 있게 합니다. 이러한 우리의 바람을 따라 "설교, 기술인가? 능력인가?"라는 주제로 모여 공부한 이야기들을 함께 나누고자 합니다. 많은 동역자들이 이 책을 통해 도움을 얻고 성장하며 말씀이신 예수님과 공진함으로 가는 곳마다, 전하는 곳마다 하나님의 영광이 드러나기를 바랍니다.

2009년 7월
웨슬리연구회

변화를 가져오는 설교

권오서_춘천중앙교회

왜 우리는 설교를 해야만 하는가?

이 질문은 우리의 신분과 사명에 직결된 질문이다. 첫째, 우리는 목회자이다. 목회자라면 누구나 설교를 해야 한다. 언제든지 어디를 가서든지 설교할 수 있는 준비가 되어 있어야 한다. 둘째, 우리는 이 일을 위해서 부르심을 받은 사람들이다. 하나님께서는 우리를 택하셔서 당신의 뜻을 대언하도록 하셨다.

그런데 설교를 하는 우리에게 또 다른 목적이 있다. 그 목적은 설교에 대한 정의를 어떻게 내리느냐에 따라 달라질 수 있는데, 한 가지 공통점이 있다. 우리가 누구에게, 어떤 상황에서 설교를 하든 우리는 설교를 듣는 청중이 하나님의 말씀으로 변화되어 하나님의 뜻대로 살기를 원하는 마음으로 설교를 한다는 것이다.

그렇다면 어떻게 설교를 해야 성도들로 하여금 변화된 삶을 살도록 할까? 물론 성도의 변화는 성령께서 하시는 일이지, 목회자가 하는 일이 아니다. 그럼에도 불구하고, 하나님께서는 목회자를 쓰시기 때문에, 하나님의 뜻을 대언하는 사람으로서 목회자의 자질을 갖추어야 한다. 그렇지 않으면, 목회자가 선포하는 설교가 성도들의 삶에 깊숙이 뿌리내리기도 전에 튕겨 나올 수 있다.

1. 성도를 변화시키는 설교가 되기 위한 영적인 측면

1) 말씀을 충분히 살피고 묵상하라.

교회력에 따라 설교를 하든, 주제를 정해 설교를 하든, 성경 말씀을 깊이 읽고 묵상해야 한다. 적어도 설교를 하기 3~4주 전부터 말씀을 묵상하고 연구하는 자세를 갖추어야 한다. 한두 번 성경 읽고, 주석을 살피고, 받은 느낌대로 말씀을 증거하다 보면, 하나님의 말씀을 선포하는 것이 아니라 인간의 생각과 판단, 그리고 주장을 전하는 것이 되고 만다.

> **설교자로서 성경 말씀을 대할 때 체크할 것들**
>
> (1) 왜, 누가, 언제, 어디에서 어떤 문체로 기록했는가?
> (2) 저자가 전달하고자 하는 메시지는 무엇인가?
> (3) 본문과 병행하는 구절은?
> (4) 본문의 전후 문맥(context)은?
> (5) 본문에 반복되어 나타나는 구절과 단어(본문의 주제)는?

2) 충분히 기도함으로 성령의 도우심을 구하라.

설교자가 설교를 잘하는 것보다 더 중요한 것은 회중의 삶이 변화되고 성장하는 것이다. 그래서 설교자는 기도를 해야 한다. 성도들로 하여금 말씀을 기대하게 하고 설교자에 대한 신뢰를 갖고 예배에 참석하도록 기도하는 것도 중요하지만, 무엇보다 들은 말씀을 통해 회중들이 삶에서 실제적인 성장과 변화가 일어나도록 간절히 기도해야 한다.

3) 성도 개개인이 스스로 결단할 수 있도록 구체적인 설교를 하라.

설교의 목적이 변화에 있다고 동의한다면, 설교를 할 때 어떤 부분에 비중을 두어야 하는지도 알게 된다. 바로 적용 부분이다.

적용을 강조한 설교의 예
– 릭 워렌 목사의 설교(약 3:13-18)를 중심으로

(1) 내가 지혜로우면 나는 내 불의와 타협하지 않는다.
(2) 내가 지혜로우면 나는 상대방의 성냄을 적대시하지 않는다.
(3) 내가 지혜로우면 나는 상대방의 느낌을 과소평가하지 않는다.
(4) 내가 지혜로우면 나는 상대방의 제안을 비평하지 않는다.
(5) 내가 지혜로우면 나는 상대방의 실수를 강조하지 않는다.
(6) 내가 지혜로우면 나는 내 증거를 감추지 않는다.

---

4) 설교의 핵심은 복음임을 기억하라.

사도 바울은 예수 그리스도와 그가 십자가에 못 박히신 것 외에는 아무것도 알지 않기를 작정하고 그것만을 전했다. 그는 비록 언변이 뛰어나지

않았지만, 복음에 대한 열정과 십자가와 부활에 대한 확신을 가지고 담대히 복음을 전했다. 만약 우리가 능력 있는 설교를 하기 원한다면, 우리의 설교가 그런 설교가 되기를 원한다면, 우리의 설교는 복음만을 전해야 한다.

성도들은 교회에 와서 세상 사는 이야기를 듣고 싶어 하지 않는다. 그들이 듣고 싶어 하는 것은 복음이다. 복음을 통해 자신들의 삶이 변화되기를 원한다. 그러므로 우리가 복음만을 전할 때 우리의 설교에 능력이 나타나고, 교회가 교회로서의 제 역할을 다하게 되며, 부흥하게 된다는 사실을 기억하기 바란다.

2. 성도를 변화시키는 설교가 되기 위한 기술적 측면

1) 성도들의 삶에 친숙한 내용으로 접근하라.

아무리 훌륭한 설교도 성도들의 삶과 동떨어진 설교라면, 성도들의 삶을 변화시킬 수 없다. 예수님의 말씀을 유심히 살펴보라. 예수님은 청중들의 삶과 동떨어진 이야기를 하지 않았다. 예수께서 하신 비유의 말씀들은 모두 당시 사람들의 삶의 자리에서 일어난 일이었다.

2) 자료 및 정보 수집에 있어 남들보다 민감하라.

탁월한 설교를 이루는 요소들 가운데 전달 방법을 제외한다면, 가장 중요한 것은 성경 말씀에 대한 탁월한 이해와 예화의 사용일 것이다. 어떠한 예화를 어느 시점에 사용하느냐에 따라, 소위 말해 설교의 맛이 달라진다.

3) 다양한 전달 방식을 연구하고 시도하되 간결하게 하라.

지금은 비주얼 시대이다. 오디오 세대는 퇴색되어 가고, 비디오 세대가 대세를 이루고 있다. 그러므로 설교자도 다양한 전달 방식을 연구해서 보다 비주얼하게 접근하고자 노력해야 한다. 또한 각종 매체를 적절하게 활용할 줄도 알아야 한다. 각종 영상물을 수집하고 편집하여 사용하는 것도 효과적이다. 그리고 TV 광고를 잘 이용하면 더 좋은 효과를 얻을 수 있다.

4) 표정을 통해서 메시지 전달을 극대화하라.

설교에서 목회자의 표정은 메시지의 진정성을 결정하는 중요한 역할을 한다. 청중에게 확신을 주고자 할 때는 비언어적 전달과 언어적 전달이 일치해야 한다. 그렇지 않으면 수용자에게서 신뢰감을 줄 수 없다. 특히 말이외의 행동(비언어적 전달)은 잘못하면 의도하지 않은 의미를 전달할 수 있으며, 통제 또한 어렵게 된다.

뛰어난 설교자란 인격적으로 허용될 수 있는 비언어적 형태를 개발하여, 언어와 더불어 그것을 적절하게 사용함으로써 청중의 마음 문을 열어젖힐 수 있는 사람이다. 메시지를 전하기 전에 거울을 보고 자신의 말과 제스처, 표정이 일관되게 작용하고 있는지 살피는 것도 다 그런 이유에서다.

5) 스피치 훈련을 하라.

설교에서 스피치가 미치는 영향을 따져볼 때, 결코 무시할 수 없음을 알게 된다. 실제로 스피치의 중요성이 대두되면서 스피치 훈련 학원가에는 공무원, 교사, 회사원 등 다양한 계층의 사람들이 몰려오고 있다. 심지어 목사와 스님도 월 100만 원이라는 수강료를 들여가면서 스피치 훈련을 받을 정도이다.

6) 음성을 잘 관리하도록 하라.

정장복 교수는 한 편의 설교를 100%로 상정할 때 내용이 차지하는 비율을 60%, 전달이 차지하는 비율을 40%로 보는 것이 가장 합리적이라고 말한다. 그만큼 전달하는 방식도 중요한데, 메시지라는 것이 설교자의 성대를 통해서 전달되는 것이기 때문에 목회자라면 음성 관리를 잘 해야 한다.

설교자의 음성 관리를 위한 몇 가지 제안

1. 음식을 잘 섭취하라.
2. 육체적 · 정신적 휴식을 취하라.
3. 환기가 잘 되도록 환경을 조성하라.
4. 음성 위생에 신경을 쓰라.
   (1) 헛기침, 습관적인 기침, 재채기 등을 조심한다.
   (2) 고함을 자제한다. 운동경기를 관람할 때도 손뼉을 치거나 악기를 사용한다.
   (3) 멀리 떨어져서 말하는 것을 피한다. 충분히 가까운 거리까지 가서 말한다. 음성이 긴장되지 않도록 인후와 어깨, 그리고 목을 이완시켜 말하는 방법을 배운다.
   (4) 소음 환경에서 말하는 것을 피한다.
   (5) 대중을 상대로 넓은 장소에서 설교할 때는 가능한 한 음향시설을 활용한다.

---

(6) 설교를 할 때는 청중들이 조용해진 후에 시작한다.

(7) 편안한 높이와 강도로 말한다.

(8) 신경질적인 음성으로 말하지 않는다.

(9) 단조로운 높이로 말하지 않는다.

(10) 불충분한 호흡으로 말하지 않는다.

(11) 지속적으로 혹은 공격적으로 웃거나 울지 않는다.

(12) 운동하면서 발성하지 않는다.

(13) 감기 중이거나 피곤할 때는 음성을 많이 사용하지 않는다.

(14) 차를 탈 때는 안전벨트를 꼭 착용하여 후두부의 외상을 방지한다.

|Chapter **1**| 성경적 설교로서의 구속사적 설교

설교자는 강단에 설 때마다 질문해 보아야 한다. 지금 예수님이 이 설교를 들으면서 고개를 끄덕이고 계시는가? 하나님이 의도한 말씀을 바르게 해석하고 예수님이 인정하는 설교, 강단에서 선포될 때 청중의 삶에 진리의 말씀으로 인한 거룩한 변화를 일으키는 설교, 그것이 바로 모든 기독교 설교자들이 나아가야 할 설교의 방향이다.

성경적 설교로서의 구속사적 설교

류응렬_총신대학교 신학대학원 설교학 교수

구속사적 설교는 오랫동안 한국 강단에 적지 않은 영향을 끼쳐 왔다. 요즘은 강해설교라는 이름이 강단을 지배하고 있지만, 그렇다고 구속사적 설교라는 이름이 사라진 것은 아니다. 설교자들 가운데 구속사적 설교라는 용어는 익숙하지 않을지라도 예수 그리스도를 중심으로 하나님의 구원을 설교해야 하는 것이 설교의 가장 중요한 사명이라는 데는 이견이 없다. 구속사적 설교의 정의와 그 장단점에 관해서는 이미 많은 논문과 글들이 쏟아져 나와 더 이상 추가할 것이 없을 정도다. 그럼에도 불구하고 한국교회 강단을 보면 여전히 구속사적 설교의 원리가 제대로 지켜지지 않는 한편, 그 장점을 살리지도 못하고 단점을 피하지도 못하고 있는 현실이다. 신학적 가르침과 교회 현장의 차이라고 말할 수도 있겠지만 근본적으로는 설교에 대한 이해의 문제로 여겨진다.

이러한 한국교회 강단의 현실 속에서 구속사적 설교를 다시 한 번 정립해 보는 것은 의미 있는 일이라 생각된다. 설교학의 올바른 원리가 지속적으로 현장에 적용되고 끊임없이 성경적인 설교의 가르침을 통해 변화를 겪을 때 교회 강단은 발전되고 한국교회는 설교로 말미암아 건강한 부흥을 이뤄갈 것이다. 필자는 이 글에서 성경적 설교로서의 구속사적 설교에 관하여 논하고자 한다. 먼저 구속사적 설교의 이해를 바탕으로 구속사적 설교의 성경적 당위성을 제시하고자 한다. 나아가 구속사적 설교가 지니는 위험성을 지적하고 대안을 제시한 후 성경적인 구속사적 설교를 정리는 것으로 글을 진행하려고 한다.

1. 구속사적 설교에 대한 이해

1) 구속사적 설교란 무엇인가?

구속사적 설교(Redemptive Historical Preaching)는 하나님이 예수 그리스도를 통하여 이루는 구원역사를 성경 전체를 배경으로 해석하고 설교하는 것이라 정의할 수 있다. 구속사적 설교는 성경 전체의 계시가 타락한 인류를 구원하는 하나님의 말씀을 유기적이고 점진적으로 보여준다는 점에서 성경신학에 근거를 둔다. 성경신학이란 성경의 모든 부분을 통합할 수 있는 주제를 가지고 성경 전체를 역사적 발전과 신학적 통일성 속에서 연구하는 학문이다.[1] 구속사적 설교는 성경 전체를 통찰하는 주제로 각각의 본문을 해석하고 설교하기 때문에 필연적으로 성경신학과 깊은 연관을 지닌다. 이런 점에서 구속사적 설교를 성경신학적 설교(Biblical Theological Preaching)라고 할 수 있다.

성경을 해석하는 시각은 다양하지만 모든 주제를 통괄할 수 있는 하나의 핵심 사상이 있다면 그것은 인류를 구원하는 하나님의 구속사라고 말할 수 있으며 그 구원은 예수 그리스도를 통해 이루어진다.[2] 이런 점에서 구속사적 설교는 삼위일체의 하나님의 구원 역사를 중심으로 설교하지만 구원을 이루는 중심인 예수 그리스도에게 집중하기 때문에 예수 그리스도 중심의 설교(Christ-centered Preaching) 또는 기독론적 설교(Christocentric Preaching)라고도 말할 수 있다. 삼위일체의 하나님을 강조한다는 점에서 구속사적 설교를 하나님 중심 설교나 성령님 중심 설교라 해도 문제가 될 수는 없다.[3] 그리스도 중심의 설교란 성경 전체의 주제를 하나님의 구원과 구원 받은 백성의 거룩한 삶으로 이해하고 구원과 성화를 이루는 핵심이 예수 그리스도이기 때문에 각 본문에서 예수 그리스도와 직접적 또는 간접적으로 연결되는 메시지를 찾고 전하는 설교 철학이다. 신약에서 드러난 그리스도뿐 아니라 구약에서도 감추어진 그리스도의 이미지를 찾아내어 신약의 그리스도와 연결하여 설교하는 것을 가리킨다.

구속사적 설교를 성경신학적 설교 또는 예수 그리스도 중심의 설교라고 표현해도 근본 의미는 동일하지만 약간의 강조점에서 차이를 보인다. 구속사적 설교가 하나님의 구원의 역사를 강조한다면, 성경신학적 설교는 성경의 점진적이고 통일적인 계시를 부각시킨다고 볼 수 있다. 예수 그리스도 중심 혹은 기독론적 설교는 구원과 계시의 핵심인 예수 그리스도를 강조한다고 볼 수 있다. 따라서 필자는 구속사적 설교를 성경신학적 설교와 삼위일체 하나님 중심의 설교 또는 예수 그리스도 중심의 설교와 거의 동일한 의미를 지닌 것으로 정의하고 필요에 따라 교차적으로 사용할 것이다.

성경은 삼위일체 하나님의 구속을 중심으로 펼쳐지는 장대한 역사를 증언하고 있기 때문에 구속사적 설교는 설교의 한 방법이 아니라 성경 자체가 말하는 설교철학이라 해야 할 것이다. 오늘날 강단에서 예수 그리스도의 구속하고 성화하는 메시지가 없는 설교를 진정한 의미에서 기독교적 설교라고 말할 수 없는 이유가 바로 여기에 있다. 예수 그리스도의 메시지가 없는 설교는 성경의 핵심 메시지가 사라진 설교라는 말과 동일하다. 물론 예수 그리스도를 중심으로 전하는 설교에 반드시 예수 그리스도가 언급되는가, 혹은 삼위일체 하나님의 구속 사건이 언급되는가를 말하는 것은 아니다. 구속사적 설교를 가능하게 하는 것은 예수라는 이름을 언급하는 데 있는 것이 아니라, 본문을 통해 예수 그리스도로 연결되는 메시지를 확인하고 전하고자 하는 해석학과 설교학을 가리킨다.

2) 구속사적 설교를 강조하는 다양한 접근들

성경을 구속사적으로 혹은 그리스도를 중심으로 해석하고 설교해야 한다는 주장은 여러 책에서 강조되어 왔다. 해석학적으로 성경신학에 근거하여 계시 발전이라는 성경 전체의 틀 속에 본문을 읽어야 한다는 주장은 이미 게르할데스 보스가 *Biblical Theology*를 통해 잘 정리하였다. 보스의 사상을 뒤이어 에드먼드 클라우니는 *Preaching and Biblical Theology*와 *Unfolding the Mystery* 그리고 *Preaching Christ in All Scripture*를 통해 성경신학적 배경 속에서 어떻게 설교할 것인지를 보여주며, 특히 구약에서 그리스도를 발견하고 설교해야 하는 당위성과 방법을 잘 보여준다.[4] 그레엄 골즈워디 역시 *Preaching the Whole Bible as Christian Scripture*를 통해 예수 그리스도를 전해야 하는 당위성과 구약의 각 장르에 따라 예수 그리스도를 중심으로 해석하고 설교하는 해석학적 방법론을 자세히 다룬다.[5]

구약을 예수 그리스도 중심으로 해석할 것을 주장하는 학자들 가운데에는 헹스텐베르그, 팔머 로버트슨, 그리고 월터 카이저 등이 있다. 헹스텐베르그의 *Christology of the Old Testament*라는 방대한 책은 구약에서의 그리스도를 집중적으로 고찰한 고전에 속한다.[6] 팔머 로버트슨은 *The Christ of the Covenant*에서 아담, 노아, 아브라함, 모세 그리고 다윗과 맺은 하나님의 언약이 어떻게 계시가 발전하면서 예수 그리스도에게서 완성되는지를 세밀하게 보여주고 있다.[7] 최근에 출판된 그의 책 *The Christ of the*

*Prophets*에서는 이스라엘 백성들이 포로기에 살면서 장차 다가올 메시아를 어떻게 기대했으며 예수 그리스도가 어떻게 모든 것을 회복하는 진정한 메시아인지를 보여준다.[8] 월터 카이저는 *The Messiah in the Old Testament*에서 메시아를 예언하는 구약의 주요 구절을 제시하고 세밀하게 고찰한다.[9]

고펠트는 그의 책 *Typology*에서 신약의 저자들이 구약을 해석하는 원리로 예수 그리스도를 향해 나아가는 예표론으로 정리하고 성경 전체에 흐르는 예표에 관하여 세밀하게 제시한다.[10] 조지 래드는 *The Presence of the Future*에서 구속사적 성경해석에 근거하여 예수 그리스도를 중심으로 이미 임한 하나님의 나라라는 측면에서 성경 계시를 해석한다.[11] 번 포이트레스는 *The Shadow of Christ in the Law of Moses*에서 모세의 율법에 나타난 그리스도의 이미지를 수학공식처럼 낱낱이 파헤쳐 보여주고 있다.[12] 바울 신학에서는 헤르만 리델보스가 *Paul: An Outline of His Theology*에서 철저한 개혁주의 신학에 근거하여 바울의 신학을 예수 그리스도의 죽으심과 부활에 근거하여 탁월하게 보여준다.[13]

설교학에서도 많은 학자들이 성경신학에 근거하여 모든 본문을 예수 그리스도를 중심으로 해석하고 설교할 것을 주장해 왔다. 대표적인 학자들 가운데에는 시드니 그레다누스, 브라이언 채플, 데니스 존슨 등이 있다. 이들 설교학자들은 성경 계시의 발전과 유기적 통일성을 인정하는 가운데 성경 전체가 제시하는 궁극적 메시지가 예수 그리스도라는 점에 착안하여 그리스도 중심의 설교학적 방법론을 제시한다. 그리스도 중심의 구속사적 설교를 지향하는 설교학자들은 구속사적 성경해석과 설교가 단지 하나의 성경해석과 설교의 방법이 아니라 성경 자체와 예수 그리스도 자신 그리고 사도들이 사용하는 방법임을 강조한다.[14]

우리나라에서도 「구속사적 설교의 실제」라는 이름으로 고재수 교수가 책을 펴냈고, 정성구 교수도 「구속사적 설교의 원리와 방법」이라는 이름으로 구속사적 설교를 간략하게 제시한 책을 출간했으며, 최근에 석원태 목사는 「구속사적 설교신학원론」에서 구속사로서의 설교를 주창했다.[15] 구속사적 설교 또는 기독론적 설교에 관한 논의도 어느 정도 활발하게 진행되어 왔다. 신학대학원 졸업논문 가운데 "구속사적 설교"라는 이름을 지닌 것만 해도 수십 편 이상 제출되었으며, 「그말씀」과 「월간목회」 그리고 여러 저널과 논문을 통해 발표되어 왔다. 구속사적 설교를 제시하는 많은 책들과 달리 한국에서 출판된 논문과 글들은 구속사적 설교의 장점과 단점을 골고루 다루고 있다는 점에서 일반적으로 알려진 구속사적 설교의 무조건적 수용을 넘어 비판적 수용을 하고 있다는 점이 고무적이다.[16]

3) 구속사적 설교의 특징

(1) 성경 계시의 성격에 근거한 특징

구속사적 설교는 성경 전체의 계시 발전에 근거하여 펼쳐지기 때문에 계시에 대한 성경신학의 특징과 비슷한 특징을 지닌다. 첫째, 구속사적 설교는 성경이 펼쳐 보이는 진정한 역사에 기초한다. 성경은 실제적인 역사를 신학적인 시각으로 기록한 책으로서 하나님이 인류를 구원하고 인도하는 역사를 담고 있다. 따라서 성경을 인간의 역사와 신적인 역사라는 이분법적 이해로 보아서는 안 된다. 스킬더는 "모든 역사는 하나님이 자신의 목적을 향하여 활동하는 실제를 다루기 때문에 성스러운 역사"라고 주장한다.[17] 하나님의 모든 계시는 그리스도의 탄생과 삶 그리고 십자가와 부활에서 그 정점을 찾을 수 있다. 이런 점에서 보스는 하나님의 구속과 계시가 함께 만난다고 지적한다.[18]

둘째, 구속사적 설교는 성경 계시의 점진적인 특징에 근거하여 성경 전체를 총괄하는 주제에 집중한다. 성경은 각 부분이 파편적으로 존재하는 것이 아니며, 모든 계시는 하나의 완성을 향하여 체계적으로 달려간다. 따라서 성경의 각 본문은 독립적으로 이해할 것이 아니라 성취를 향한 하나의 과정으로 이해할 때 비로소 성경 전체의 배경 속에 바른 해석이 가능하다. 보스는 하나님의 계시는 "하나의 활동으로 완성되는 것이 아니라 일련의 장구한 활동을 통해 펼쳐진다"라고 지적한다. 성경의 각 본문은 전체의 활동 속에 비추어볼 때 비로소 하나의 완성된 그림을 보인다는 것이다. 핸드릭 크라밴담은 성경 계시의 점진적 성격을 다음과 같이 지적한다.[19] "역사란 하나의 연속적이면서 발전적으로 나타나는 그리스도에 관한 이야기이다. 따라서 창조에서 성육신 그리고 재림에 이르기까지 그리스도에 관한 역사가 전개될 때 선지자, 제사장, 그리고 왕이라는 그리스도의 삼중직에 집중한다."[20] 성경은 구속의 완성을 향하여 발전적으로 전개되는 계시의 성격을 지니기 때문에 구약의 말씀은 당연히 신약의 빛에 비추어 해석해야 한다.

셋째, 구속사적 설교는 하나님의 계시가 유기적으로 연결되어 있다는 사실에 근거한다. 성경이 구속을 향해 나아가는 계시로서 통일적인 메시지를 지닌다는 사실은 성경의 어느 부분이라도 전체의 큰 그림 속에서 해석해야 한다는 당위성을 제공한다.[21] 이는 마치 나무를 볼 때 숲이라는 전체 속에 놓여있는 나무를 보라는 말과 동일하다. 각 나무의 특징을 무시하지 않으면서 숲 전체 속에서 나무를 볼 때 제대로 나무를 이해할 수 있게 된다. 유기적으로 연결된 성경 계시의 특징은 "완전한 성취를 향하여 나아가는 씨앗 형태"로 시작된다고 보스는 지적한다.[22]

구속사적 설교를 지향하는 설교자는 성경이 하나님의 점진적이면서도 유기적인 계시의 성격을 지니기 때문에 하나님의 말씀에 대한 총체적인 접근이 필요하다. 즉, 어느 본문을 대할 때 그 본문에서 멈춘 해석이 아니라 성경 전체라는 배경 속에서 그 본문을 다시 조명할 때 제대로 이해할 수 있다. 성경의 모든 본문이 하나의 완성을 향해 나아가는 연속적인 역사이면서 곳곳에 하나님의 계시가 점점 밝히 드러난다는 점과 모든 본문이 서로 간에 유기적으로 긴밀하게 연결되어 있는 것은 결국 예수 그리스도에게서 완성을 본다. 이런 점에서 구속사적 설교의 가장 중요한 특징인 예수 그리스도를 향해 모든 성경 계시가 진행된다고 말할 수 있다. 따라서 기독교 설교자는 어느 본문을 대하더라도 이 본문이 계시의 완성자인 예수 그리스도를 향해 어느 위치에 있는지, 어떤 점에서 그 예수와 연관되는지를 반드시 물어야 한다.

넷째, 구속사적 설교는 현재의 삶이 종말론적인 시간에 놓여 있다는 것을 주시한다. 종말론적 시간을 살아가는 사람들이란 예수 그리스도의 부활과 주님의 재림 사이에 놓여 있는 사람들로서 이미 천국을 경험하는 동시에 아직 완성되지는 않은 천국 사이를 사는 것을 의미한다.[23] 예수 그리스도의 가르침에 의하면(막 1:15, 눅 17:20-21) 하나님의 나라의 권능이 예수 그리스도의 인격과 사역 그리고 성육신과 죽음과 부활을 통해 이 세상에 들어왔다. 따라서 믿음 안에서 예수 그리스도와 연합한 사람들은 이미 현세의 악한 세상에서 벗어나 종말론적으로 변화를 체험한 사람들이다. 비록 땅 위에 살아가고 있지만 예수 그리스도와 연합함으로 이미 하나님의 나라에 들어갔다는 것이다.[24] 그러나 아직 완성에 이르지 못한 상황 속에서 '이미'와 '아직'의 긴장 속에 우리는 살아가고 있으며, 그리스도인의 윤리는 바로 이 긴장 속에 존재한다. 바울은 이러한 긴장의 삶을 "겉 사람은 후패하나 우리의 속은 날로 새롭도다"라고 표현한다(고후 4:16).

(2) 타락한 인류를 위한 성경에 근거한 특징

구속사적 설교를 지향하는 사람들은 성경이 타락한 인류를 구원하기 위해 주신 하나님의 말씀이라는 점을 해석과 설교의 근거로 삼는다. 성경 말씀은 타락하여 죽음에 이른 인류를 구원하고 거룩한 삶을 위해 주신 하나님의 말씀이다. 성경은 여러 곳에서 인류를 구원하기 위한 하나님의 목적을 기록한다. 요한은 성경의 기록 목적을 사람들로 하여금 "예수께서 하나님의 아들 그리스도이심을 믿게 하려 함이요" 또한 읽는 사람들로 "믿고 그이름을 힘입어 생명을 얻게 하려 함이라"고 밝힌다(요 20:31). 이는 바울의 고백에서도 동일하게 발견된다. "네가 어려서부터 성경을 알았나니 성경은 능히 너로 하여금 그리스도 예수 안에 있는 믿음으로 말미암아 구원에 이르는 지혜가 있게 하느니라"(딤후 3:15). 예수 그리스도가 필요하다는 것은 인류가 하나님으로부터 타락하여 죽음에 이른 것을 전제한다.

성경은 타락한 인류의 구원뿐 아니라 구원 받은 사람들의 거룩한 삶을 위해서도 기록되었다. 바울은 성화를 위한 하나님의 말씀을 잘 요약하고 있다. "모든 성경은 하나님의 감동으로 된 것으로 교훈과 책망과 바르게 함과 의로 교육하기에 유익하니 이는 하나님의 사람으로 온전케 하며 모든 선한 일을 행하기에 온전케 하려 함이니라"(딤후 3:16-17). 구원에 이른 백성이라고 즉시 온전한 삶을 살 수 있는 것은 아니다. 성경은 사람에게 끊임없이 나타나는 죄성에 대항하여 하나님이 기뻐하시는 삶이 무엇인지 보여주며 그것을 가능하게 하는 하나님의 은혜를 가르친다.

오늘날 구속사적 설교를 주창하는 대표적인 학자인 브라이언 채플은 성경을 대할 때 타락한 상태라는 것을 전제하고 해석하고 설교해야 한다는 것을 '타락 상태 초점'(FCF: Fallen Condition Focus)이라는 말로 설명한다.[25] 타락 상태 초점이란 "하나님의 백성들이 하나님께 영광을 돌리고 그분을 즐거워하는 삶을 위해 은혜가 요구되는 당시의 사람들과 오늘날 신자들이 공유하는 인간 조건을 가리킨다."[26] 성경 본문의 의미는 주해적 내용뿐 아니라 기록 목적을 제대로 알기까지는 아무리 성경적인 정보를 많이 파악했다 할지라도 진정한 의미를 알지 못한다. 브라이언 채플의 주장은 성경 전체의 기록목적에 비추어볼 때 정당하다. 성경은 타락한 인류를 구원하기 위해 하나님께서 창세기 3장 15절에서부터 약속한 메시아를 중심으로 한 역사를 담고 있다. 본문이 주어진 진정한 목적을 무시하고 하나님의 마음을 온전히 파악했다고 말할 수 없다.

성경이 모든 인류의 타락 상태에 초점을 맞추어 기록되었다면 그 이유는 명백하다. 모든 인류가 타락한 상태를 안고 있다는 말이다. 예수는 우리의 타락 상태를 해결해 줄 구원자로서 소개되며 인류가 이 메시아를 바라볼 때 진정한 의미의 구원과 성화를 체험한다. 인간 상태에 대한 이와 같은 이해는 성경을 구속사적으로 해석할 수 있는 근거를 제시한다. 구속사적 해석과 설교는 성경의 기록 목적에 비추어볼 때 정당한 해석이라는 말이다. 이런 관점으로 성경을 대할 때 타락한 인류를 구원하시기 위한 하나님의 장대한 활동을 담고 있는 구속사적 설교는 성경을 대하는 하나의 시각이 아니라 성경을 대하는 진정한 해석적 시각으로 볼 수 있다. 완성된 계시라는 전체적 시각에 근거하여 성경을 이해할 때 비로소 부분도 정확하게 보이기 때문이다.

4) 비구속사적 설교의 특징

지금까지 구속사적 설교가 지니는 특징을 몇 가지로 살펴보았다. 구속사적 설교는 성경을 대하는 하나의 시각이 아니라 성경의 기록 목적에 근거한 설교학적 시각이라고 필자는 주장했다. 현재 한국 강단은 구속사적 설교라는 이름은 존재하지만 실제 강단에서는 자신의 소견에 좋은 대로 하는 설교가 지배적이다.

비구속사적인 설교의 특징은 몇 가지로 나타난다. 첫째, 성경 본문에 충실하지 않고 무조건 예수 그리스도라는 주제를 전하는 설교가 있다. 구속사적 설교 또는 예수 그리스도를 중심으로 읽는 해석과 설교는 본문을 무시하고 무조건 예수를 전하는 설교가 아니다. 예수라는 이름이 등장한다고 구속사적 설교가 되는 것도 아니며, 예수라는 이름이 나오지 않는다고 반드시 예수 그리스도 중심의 설교가 되지 않는 것도 아니다. 중요한 것은 예수라는 이름에 있는 것이 아니라 본문을 구속사적 문맥을 따라 이해하는가에 있다.

둘째, 성경의 기록 목적에 충실하지 않고 주어진 본문의 일차적 문맥에서 그치는 해석이 있다. 본문을 해석하는 원리는 근접 본문에서 시작하여 성경 전체의 배경 속에서 해석해야 한다. 특히 구약을 해석할 때 성경의 기록 목적에 비추어 본문을 이해하지 않고 본문을 하나의 독립된 섬처럼 떼어내어 주해하고 설교하는 것은 위험하다. 예를 들어, 구약의 율법을 해석할 경우 신약에서 모든 율법의 마침이 되는 예수 그리스도와 연결하여 설교하지 않을 때 자칫 유대인의 설교로 전락할 수 있다. 모든 율법은 우리를 그리스도께로 인도하는 몽학선생이라는 바울의 해석에 근거하여 율법을 보아야 한다.

셋째, 하나님 중심의 설교가 아니라 인간 중심의 설교가 있다. 삼위일체의 구속하는 역사를 중심으로 설교하지 않을 때 필연적으로 인간 중심의 설교로 빠질 수밖에 없다. 구원을 가능하게 하는 근거를 제시할 때 혹은 거룩한 삶을 가능하게 하는 근본적인 동인인 하나님의 은혜에 근거하지 않을 때 설교는 인간의 의무를 강조하거나 인간의 열심으로 말미암는 변화를 강조하게 된다. 이런 시각에서 나오는 대표적인 설교를 브라이언 채플은 다음의 세 가지 유형으로 제시한다.[27]

먼저, 성경의 인물을 모범적으로 제시하면서 그 인물의 좋은 점은 본받고 나쁜 점은 피해야 할 것을 강조하는 설교가 있다. 인물을 모범적으로 제시하는 자체가 잘못된 것이 아니라 인물을 모범적으로 제시하고 그칠 때

문제가 된다.[28] 아브라함, 요셉, 모세, 다윗 그리고 다니엘처럼 성경의 뛰어난 인물을 묘사하면서 그들이 신앙의 진정한 모델이 되는 것처럼 장단점을 살펴보면서 우리가 따라야 할 본만을 제시하는 것은 성경 전체에 흐르는 하나님의 활동을 드러내지 못하는 결과를 낳는다. 성경 속의 인물들이 마치 하나님이 원하는 수준에 이르러 스스로의 힘으로 구원이나 성화를 이룬 것처럼 오해하게 만들어서는 안 된다.

다음, 인간 중심의 설교는 좀 더 착한 사람이 되라는 도덕주의적 메시지가 있다. 도덕적 삶을 촉구하는 것은 기독교의 필수적인 가르침이지만 설교가 도덕주의로 빠져서는 안 된다. 도덕주의적 메시지란 사람의 힘으로 어느 정도 선한 수준에 이르면 마치 하나님이 더 큰 은혜를 주는 것처럼 들리게 하는 설교이다. 거룩한 삶을 향한 도전은 하나님이 우리에게 주신 은혜에 대한 진실한 반응으로서의 삶이다. 현재 한국 강단은 그리스도의 복음의 자리에 고양된 윤리의 설교가 점점 강하게 자리한다. 복음에 근거한 삶의 변화를 촉구하는 것이 아니라 소위 'How to'의 설교를 통해 삶의 윤리만을 강조하는 것은 기독교의 독특한 메시지인 예수 그리스도가 중심되지 않고 인간의 종교로 전락시킬 위험을 안고 있다. 제이 아담스는 「목적이 있는 설교」에서 기독교 메시지의 특징을 다음과 같이 밝힌다.

만일 여러분의 설교가 유대교 회당에서 받아들여지거나 유니테리언 교도들에게 받아들여진다면 무엇인가 근본적으로 잘못된 것이 있어요. 진정한 기독교적인 설교는 독특(distinctive)합니다. 기독교 복음을 복음으로 만드는 것은 구속하고 성화하는 그리스도가 모든 곳에 나타나는 메시지입니다. 우리가 전하는 모든 설교의 핵심에는 그리스도가 있어야 합니다. 이것이 복음적인 설교이자 사람을 세우는 설교의 핵심입니다.[29]

그 다음, 비구속적 설교를 만들어 내는 인간 중심적 설교에는 좀 더 훈련하라는 식의 메시지도 있다. 교인들의 열심을 촉구할 목적으로 좀 더 훈련하면 하나님께서 더 큰 은혜를 내리신다는 느낌의 메시지를 말한다. 이런 메시지를 들은 신앙인들은 문제가 생길 때 무엇을 좀 더 하는 것으로 해결하려 한다. 하나님과의 문제가 있을 때 좀 더 기도하거나, 좀 더 봉사하거나, 좀 더 전도하는 것을 통해 하나님과의 문제를 해결하고 하나님으로부터 좀 더 많은 은혜를 기대한다. 하나님을 위해 헌신하고 열심을 내는 것은 아름다운 일이나 나의 열심 정도에 따라 하나님이 주는 은혜가 달라진다는 인식은 기독교의 복음을 은혜가 아닌 공로에 기초하게 한다.

이러한 세 가지의 인간 중심적 설교는 그 자체로서는 문제가 아니지만, 이런 메시지만으로는 온전한 설교가 아니라는 문제를 담고 있다. 신앙생활에서 훌륭한 모범들을 따르고 도덕적인 삶을 살고 열심을 내어 사명을 감당하는 것은 마땅하다. 그러나 이런 삶을 통해 하나님이 요구하는 수준의 삶을 살았다고 여기는 것은 기독교 신앙을 인간 종교로 만들어 버리는 위험을 지닌다. 인간 중심적 설교에 빠지지 않으려면 신앙인의 삶을 움직이는 근본 이유를 파악해 보면 된다. 내가 하나님을 위해 어떤 일을 하고자 하는 동기가 무엇인가? 그렇게 함으로써 하나님의 사랑과 은혜를 좀 더 받아내고자 한다면 이는 인간 종교에 불과하다. 하나님이 행한 사랑과 은혜에 대한 신앙인의 반응으로서 그렇게 살도록 촉구하는 것이 바람직한 설교이다.

2. 구속사적 설교의 당위성

필자는 이미 "왜 그리스도 중심의 설교인가?"라는 제목의 논문에서 그리스도를 중심으로 해석하고 설교해야 하는 당위성을 제시했다.[30] 이 글에서 "예수 그리스도에 대한 성경의 증언"과 "예수 그리스도 중심 설교를 위한 전제" 그리고 "예수 그리스도 중심 설교를 위한 성경신학"이란 제목하에 다양한 시각에서 예수 그리스도 중심 설교의 당위성을 제시했다. 아래에서는 구약과 신약이 주장하는 예수 그리스도에 대한 메시지를 간략하게 고찰하고자 한다.

1) 구약의 중심을 관통하는 메시지

모든 성경이 하나님의 영감으로 기록되었다는 것을 믿는 보수주의자들은 성경이 하나의 주제, 즉 예수 그리스도를 향해 나아간다는 것을 주저하지 않고 강조한다. 물론 성경의 주제는 다양하게 제안될 수도 있고 제각기 주제별로 접근하는 것은 모두 타당하게 보인다. 어떤 주제로 접근한다 할지라도 성경의 말씀이 예수 그리스도를 통해 인류를 구원하는 하나님의 활동과 말씀을 담고 있다는 데는 이견이 없다.

구속사적 설교 또는 예수 그리스도를 중심으로 구약을 해석하고 설교해야 하는 가장 중요한 해석학적 근거는 두 가지로 볼 수 있다. 첫 번째 이유는 그것이 구약의 기록 목적이라는 점이다. 구약은 오랜 시간과 많은 사람들을 통해 기록되었지만 하나의 메시지를 담고 있다. 타락한 인류를 해방시키는 하나님의 구원과 하나님 앞에 살아가는 백성들의 삶을 다룬다.[31] 구약성경을 기록 목적에 맞게 이해하려면 창세기에 나타난 인류의 창조와 타락 그리고 하나님의 구원의 약속이라는 큰 그림 속에서 보아야 한다. 구약성경은 창세기 3장 15절에 약속된 인류를 구원할 메시아의 약속이 시간이 지나면서 어떻게 발전되어 나타나는지를 잘 보여준다.

구약을 구속사적으로 해석하고 설교하는 두 번째 이유는 이것이 신약 저자들의 구약 해석 방법이라는 점이다. 신약의 저자들의 성경은 구약이다. 그들은 구약을, 역사를 담고 있는 하나의 사건의 집합이 아니라 예수 그리스도에게서 이루어져야 할 하나의 예언이요 약속으로 보았다. 이는 사복음서의 저자들뿐 아니라 바울 그리고 예수 그리스도 자신에게서도 발견되는 동일한 해석학적 시각이다.

예수 그리스도는 모든 구약성경이 자신을 가리키고 있다는 점을 명확하게 밝힌다. "가라사대 미련하고 선지자들의 말한 모든 것을 마음에 더디 믿는 자들이여 그리스도가 이런 고난을 받고 자기의 영광에 들어가야 할 것이 아니냐 하시고 이에 모세와 및 모든 선지자의 글로 시작하여 모든 성경에 쓴 바 자기에 관한 것을 자세히 설명하시니라"(눅 24:25-27). 구약성경을 탐독하고 생활의 지침서로 삼고 있는 자들에게 예수님은 성경의 기록 목적을 요약해서 말한다. "너희가 성경에서 영생을 얻는 줄 생각하고 성경을 상고하거니와 이 성경이 곧 내게 대하여 증거하는 것이로다"(요 5:39). 예수 그리스도 자신이 구약을 읽을 때 지닌 해석학적 시각은 마땅히 존중되어야 한다. 구약을 읽으면서 예수 자신을 발견하지 못하는 자들을 예수님은 책망하기도 하신다.

구속하시는 하나님과 예수 그리스도로의 연결 없이 구약을 해석하고 설교하는 것은 신구약을 통일적으로 읽어야 하는 성경해석학에 맞지 않다. 구약의 말씀을 그리스도로 말미암아 완성된 신약의 빛으로 읽어야 하는 것은 해석학의 기본에 속한다. 에드먼드 클라우니는「모든 성경에서 그리스도를 설교하라」는 책에서 다음과 같이 주장한다.

우리는 본문이 말하는 그대로 그리스도를 전해야 합니다. 만일 여러분 가운데 구약의 본문 대부분이 그리스도를 말하거나 제시하지 않는다고 생각한다면, 성경의 일치성이란 점과 예수 그리스도의 풍성함에 관하여 생각

해 보십시오. 그리스도는 성경에 주님과 구원자로서 나타나 있습니다.[32]

2) 신약의 중심을 관통하는 메시지

예수 그리스도를 중심으로 설교하는 것은 신약의 저자들에게서 더욱 확연하게 드러난다. 구약이 다가올 그리스도에 대한 약속의 말씀이라면, 신약은 오신 그리스도에 대한 말씀이다. 공관복음서 저자들은 한결같이 예수 그리스도의 인성과 사역과 가르침을 증언하고 있으며, 다른 저자들도 예수 그리스도의 가르침과 사건에 근거하여 기록하고 있다. 예수 그리스도의 오심은 하나님 나라의 시작인 동시에 완성이며, 언약 성취의 실체이며, 구속의 완성이다. 그리스도로 말미암아 희미하게 보이던 구약의 모든 계시는 확연하게 드러나게 되었으며, 그리스도로 말미암아 이전의 율법은 은혜의 원리 안에서 제자리를 찾게 되었다. 요한은 성경을 기록한 목적을 다음과 같이 밝힌다. "오직 이것을 기록함은 너희로 예수께서 하나님의 아들 그리스도이심을 믿게 하려 함이요 또 너희로 믿고 그 이름을 힘입어 생명을 얻게 하려 함이니라"(요 20:31).

바울의 해석도 마찬가지다. 바울은 자신의 메시지의 핵심이 그리스도라는 것을 분명히 밝힌다. "내가 너희 중에서 예수 그리스도와 그의 십자가에 못 박히신 것 외에는 아무 것도 알지 아니하기로 작정하였음이라"(고전 2:2). 바울의 설교는 직접적이든 간접적이든 그리스도를 중심으로 설교했다는 것을 알 수 있다. 실제 바울의 설교는 거의 동일한 패턴을 보이고 있다. 전반부에는 하나님께서 그리스도 안에서 성령을 통하여 이루신 구원의 역사를 보이고, 후반부에는 그 구원에 근거한 신자들의 삶을 다룬다. 헤르만 리델보스는 바울의 설교를 "그리스도의 초림과 죽음 그리고 부활로 시작된 종말론적 구원을 선포하고 설명하고 있다"고 정리한다.[33] 물론 바울이 한 것이라고 무조건적으로 따라야 하는 것은 아니다. 바울이 자비량으로 선교를 했다고 오늘날 모든 선교사가 자비량으로 떠나도록 할 수는 없다. 그러나 바울이 설교하는 핵심을 제대로 아는 것은 그의 행위나 가르침의 한 부분을 아는 것과 다르다. 그리스도 중심의 해석과 설교는 그의 모든 설교의 근간을 이루고 있기에 오늘날 성경을 대하는 설교자에게 동일한 해석학적 기반을 제시해 줄 수 있다.

예수 그리스도를 중심으로 하나님의 구속 사건을 설교하는 것은 하나의 설교 방법이 아니라 성경자체와 그리스도가 변증하는 성경적 원리이다. 그리스도는 설교에서 나오면 메시지를 빛나게 하는 특효약이 아니라 설교를 기독교 설교로 만드는 근거이다. "성경해석에 대한 시카고의 선언문"은 성경의 중심 되는 그리스도를 다음과 같이 잘 요약한다. "예수 그리스도의 인격과 사역은 모든 성경의 중심 되는 초점이다. 성경을 그리스도 중심으로 해석하는 것을 거부하거나 확신하지 못하는 어떤 해석방법이라도 우리는 거부한다. 이것이 바로 우리 주님이 구약성경을 이해한 방법이다."[34] 설교자란 예수님의 말씀을 대신 전하는 사람이다. 예수님이 오늘날 강단에 선다면 주어진 본문을 가지고 전할 그 메시지를 전해야 하는 대언자이다. 예수님이 해석하고 전한 설교철학이 있다면 그것이 우리가 마음 놓고 따라야 할 방법이다. 대표적인 구속사적 설교의 주장자인 브라이언 채플은 다음과 같이 주장한다. "십자가 이전에 존재했던 율법과 선지자들 그리고 십자가의 사역을 이어가는 사도들의 사역에서도 예수는 중심을 차지했다. 선지자들과 사도들 그리고 구세주 자신도 모든 성경은 궁극적으로 구원자에게 초점을 맞추고 있다고 증언한다. 그렇다면 그리스도에 관하여 말하지 않고 어떻게 성경을 바르게 해석할 수 있겠는가? 강해설교는 그리스도 중심 설교이다."[35] 따라서 우리는 이렇게 말할 수 있을 것이다. "그리스도를 전하지 않는다면 그는 설교하는 것이 아니다."[36]

3. 구속사적 설교의 위험성과 그 대안

1) 본문을 무시한 채 그리스도의 눈으로 들어가는 해석

한국 강단에서 구속사적 해석을 비판하는 이유 가운데 하나는 본문의 의미를 무시한 채 무조건 예수 그리스도의 시각으로 본문을 읽어 들어간다는 주장이 있다. 김지찬 교수는 일반적으로 구속사적 설교가 안고 있다고 생각하는 해석학적 위험성을 이렇게 경고한다.

　　결론부터 말하면, 구속사의 틀이 너무 빠르게 본문 주해의 1차 단계에 들어오는 것이 지금까지 소위 '구속사적 설교'라는 상당수 설교의 내장적인 문제라고 할 수 있다. '구속사'라는 틀(때로는 온당하지 못한 잘못된 구속 개념을 가지고)이 1차적 본문 주해를 집어삼킴으로써 본문의 문법적-역사적 의미를 제대로 이해하지 못하게 만드는 점을 주의해야 한다.[37]

본문의 일차적인 의미에 집중해야 한다는 김지찬 교수의 지적은 성경해석의 출발을 잘 보여준다. 그러나 이러한 주장이 구속사적 설교나 예수 그리스도를 중심으로 하는 설교가 지니는 일반적인 함정이나 오류로 인식되는 것은 아니다. 구속사적 설교나 예수 그리스도를 중심으로 하는 설교는 본문의 일차적인 의미에 철저하게 충실하면서도 성경 전체의 시각에서 본문을 거시적으로 통찰하는 신학적 해석을 가리킨다. 김지찬 교수의 경고는 본문을 무시하면서 적절하게 예수와 연결만 시키면 구속사적 설교가 되는 것처럼 여겨지는 한국 교회 강단의 상황을 질타하는 경고라 할 수 있다. 현재 한국 목회자들 가운데 "설교에서 궁극적으로 무엇을 전해야 합니까?"라는 질문에 대부분은 예수님이라고 답변할 것이다.[38] 그러나 실제 강단에서 일어나는 현실은 의도와는 다르다. 구속사적 설교라는 이름을 사용하든 하지 않든 예수를 전한다는 선한 목적으로 때로는 본문을 무시한 채 너무나 빠르게 그리스도로 나아가는 과오가 종종 나타난다. 이는 주어진 성경 본문 자체의 권위를 자신도 모르게 떨어뜨리는 행위일 뿐 아니라 성경 해석의 가장 기본인 본문의 일차적 의미에 충실하라는 원칙에도 어긋나는 해석이다.

김지찬 교수가 지적하는 구속사적 설교가 지니는 주해상의 문제는 구속사적 설교가 지니는 문제가 아니라 '잘못된 구속사적 설교'가 지니는 문제이다. 구속사적 설교라고 할 때 구속사적 시각 또는 예수 그리스도의 시각은 본문으로 들어가는 문이 아니라 본문에서 나오는 문이라야 한다.[39] 다시 말하면 그리스도 중심으로 본문을 이해하고 설교한다는 것은 본문의 일차적인 주해 작업을 통하여 하나님이 본문을 통해 당시의 청중에게 하는 말씀의 의미를 분명하게 파악하고 난 후 성경 전체의 배경 속에서 그 말씀이 계시 발전 속에서 어떻게 그리스도에게까지 나아가는지 확인하는 것이다. 즉 주어진 본문을 통해 예수 그리스도의 인격이나 사역 혹은 가르침과 어떤 연관이 있는지 고찰해 보는 것으로 본문 해석을 일차적인 문맥에서 그쳐서는 안 된다는 것을 강조한다. 두 사람의 예를 들어보자. 시드니 그레다누스는 본문에서 설교까지의 과정을 다음과 같이 소개한다.

1. 설교 본문을 선택하라.
2. 본문을 문학적 배경 속에서 읽어라.
3. 본문의 구조를 그려 보라.
4. 본문을 역사적 배경 속에서 해석하라.
5. 본문의 주제와 목적을 결정하라.
6. 메시지를 정경과 구속사적 역사 속에서 이해하라.

7. 설교의 주제와 목적을 결정하라.

8. 적절한 설교 형식을 선택하라.

9. 설교의 개요를 준비하라.

10. 설교를 구어체로 작성하라.[40]

그레다누스는 구속사적 설교를 구체적으로 제시한 그의 책 *Preaching Christ from Genesis: Foundations for Expository Sermons*를 통해서도 동일한 방법을 통해 창세기 본문을 해석하고 설교를 제시한다.[41] 최근에 데니스 존슨은 그의 책 *Him We Proclaim: Preaching Christ form All the Scripture*에서 예수 그리스도를 중심으로 하는 설교의 과정을 다음과 같이 제시한다.

1. 본문을 선택하여 숙지하라.

2. 일차적 배경 속에서 본문을 주해하라.

3. 주어진 본문을 정경적 콘텍스트 안에서 다른 본문들과의 관계를 연구하라.

4. 다른 주해자들을 참고하라.

5. 기도와 영감과 묵상을 통해 생각한 것을 정리하라.[42]

그레다누스와 존슨의 설교철학은 근본적으로 동일하며 구속사적 설교 또는 예수 그리스도를 중심으로 하는 설교에 대하여 일반적 인식을 잘 보여준다. 다만 그레다누스는 10가지로 세밀하게 나눈 것을 존슨은 5가지로 간략하게 표현했을 뿐이다.[43] 두 사람의 공통적인 주장은 반드시 일차적 문맥과 배경 속에서 본문을 주해하라는 말이다. 그러나 그곳에서 그치는 것은 올바른 성경해석법이 아니다. 반드시 성경 전체의 정경적 그리고 신학적 해석을 하라는 말이다. 바로 여기에서 구속사적 해석과 그리스도를 중심으로 하는 설교의 철학이 자리한다. 예수 그리스도는 본문으로 들어가는 문이 아니라 본문에서 반드시 나와야 할 문이며 향해야 할 방향이다.

2) 모범적 설교에 대한 무조건적 비판

구속사적 설교가 지니는 또 한 가지 비판은 모범적 설교에 대하여 지나치게 부정적인 시각을 지닌다는 점이다. 구속사적 설교의 모범적 설교에 대한 지나친 거부감은 1930년대 네덜란드 교회에서 일어난 구속사적 설교와 모범적 설교의 논쟁에 기인한다. 극단적으로 구속사적 설교를 주장하는 사람은 본문에서 우리가 따라야 할 모범적인 가르침은 무시한 채 오직 구속하고 인도하시는 하나님의 모습을 찾으려 한다. 모든 성경 본문에서 구원을 향하여 나아가는 하나님의 계시를 찾는 것은 정당하다. 그러나 하나님의 구속에 집중하는 해석과 성경에서 모범을 발견하고 오늘날 우리의 삶 가운데 적용하는 것을 반드시 대치되는 것으로 이해할 필요는 없다. 물론 성경은 다윗이라는 인물을 통해 어떤 점은 따르고 어떤 점은 따르지 말아야 할 도덕책으로 준 것은 아니다. 성경은 다윗의 삶을 통해 구원의 역사를 이루어 가시는 하나님에 관하여 증언하는 것이다. 만일 다윗의 어떤 점에 집중해서 그를 따라야 한다고 설교한다면 가장 놀랄 사람은 다윗 자신일 것이다.[44] 다니엘의 삶에 나타난 하나님의 손길을 무시한 채 어떤 점을 부각시켜 따라야 할 모범으로 제시한다면 하나님의 구속이라는 큰 그림이 사라진 모범적 설교가 되고 만다.

성경은 구속사의 흐름 속에 놓여 있는 많은 사람들의 활동을 소중하게 소개한다. 바울은 담대하게 외친다. "내가 그리스도를 본받는 자 된 것 같이 너희는 나를 본받는 자 되라." 바울의 이 말을 자신을 본받으면 구원에 이른다거나 자신이 조금 더 열심을 내어 하나님의 은혜를 그 만큼 더 많이 받았기에 바울처럼 열심을 내야 한다고 해석하는 사람은 아무도 없을 것이다. 구원의 역사 가운데 하나님께 귀하게 쓰임 받은 바울을 통해 오늘날 많은 사람들은 도전을 받을 수 있다. 고통의 삶 속에서도 언제나 함께하신 하나님의 손이 요셉을 하나님의 사람으로 세운 근본 동인이지만 하나님 앞에서 어떤 상황 속에서도 정직하게 최선을 다한 요셉의 삶을 교훈으로 제시하는 것은 조금도 비성경적인 메시지가 아니다. 바울은 "무엇이든지 전에 기록한 바는 우리의 교훈을 위하여 기록된 것이니 우리로 하여금 인내로 또는 성경의 안위로 소망을 가지게 함이니라"고 말한다(롬 15:4). 히브리서 11장은 수많은 믿음의 선진들을 우리의 거울로 소개한다. 믿음의 거장들을 설교하면서 그들처럼 살아가면 하나님의 은혜를 더 누릴 수 있다고 설교하는 것은 성경의 기록 목적을 무시하는 해석이다. 하나님께서 구원의 역사 가운데 귀하게 사용하신 많은 사람들을 살펴보는 것은 동일한 사명과 연약함을 지닌 우리에게는 때로 거울과 같은 역할을 할 수 있다.

3) 적용에 대한 잘못된 설교 철학

구속사적 설교를 주장하는 사람들이 범하는 가장 심각한 설교학적 오류는 적용에 대한 무용론 내지 실제적 적용에 대한 부정적 시각이다. 이미 살펴본 것처럼 시드니 그레다누스의 설교 작성법을 보면 적용에 대한 단계가 나타나지 않는다. 필자가 한 출판사의 요청으로 2002년도 그레다누스를 만나 인터뷰를 했을 때 적용에 대한 그의 견해를 들을 수 있었다. 일반적으로 그레다누스는 적용에 대해 미온적으로 여겨지고 그의 책은 적용의 부재 문제로 늘 비판을 받아왔다. 그는 필자와의 대담에서 매우 의외의 대답을 한 것으로 기억한다. 자신도 설교에서 적용을 강조한다는 것이다. 다만 적용에 대한 정의에서 일반적으로 말하는 설교에서의 적용과 차이가 있었다. 그가 말하는 적용은 성경 본문에서 예수 그리스도의 모습이 잘 드러나면 그것이 충실하게 적용된 것으로 여긴다. 본문에서 시작하여 구속 역사를 통하여 구속하시는 하나님과 그리스도의 모습이 설교에서 자연스럽게 소개되면 이미 설교의 적용이 이루어진 것으로 여겼다. 적용이 없는 것이 아니라 적용에 대한 정의가 다른 것이었다. 그레다누스는 자신의 책에서 적용에 대한 자신의 의견을 잘 보여준다. "성경 말씀은 적용 자체이며 케리그마이기 때문에, 설교를 말씀에 대한 객관적인 설명으로 보고 그에 알맞은 적용이 따라와야 한다는 주장은 잘못된 것이다."[45] 구속사적 설교를 강조하는 사람들 가운데는 적용에 대한 동일한 시각을 지닌 사람이 적지 않다. 리 아이언즈는 "구속사적 설교"라는 글에서 구속사적 설교를 지향하는 사람들의 적용에 대한 일반적인 관점을 잘 피력한다.

구속사적 설교는 그리스도인의 삶에 두 시대가 있다는 이해로부터 출발한다. 설교를 통해 그리스도와 함께 이미 부활에 참여한 모습인 동시에 현시대에서 신자들이 그리스도의 재림을 기대하면서 절규하는 자신들의 이중적 위치를 완전히 알 수 있도록 인도하려 한다. 모든 성경 본문에서 이 의미(적용)를 끌어오는 것을 구속사적 설교자들의 목표로 삼는다.[46]

아이언즈의 글은 자신의 적용에 대한 정의를 잘 보여준다. 즉 모든 성경 본문에서 신자들이 이미 얻은 구원과 아직 완성되지 않은 구원이라는 두 시대 사이에 놓여 있는 자신들의 상황을 종말론적으로 잘 보여주는 것 자체가 적용이라는 것이다. 그레다누스의 적용의 개념과 비슷하다는 것을 볼 수 있다. 그는 계속해서 일반적으로 설교의 적용을 비판하면서 자신의 적용에 대한 개념을 밝힌다.[47]

이런 접근은 내가 '적용 다리 놓기'라고 부르는 최근의 설교학 방법과는 근본적으로 다르다. 이런 방식은 고대 문서와 오늘날 세계를 사람이 만든 적용이라는 다리를 놓아서 갈라진 틈을 건너게 함으로써 성경을 오늘날 적용되게 만들려는 잘못된 시도이다. 구속사적 설교는 무엇보다 틈이 존재한다는 것 자체를 부인하며 성경을 적실하게 만들거나 적용하는 것을 '만드는' 필요성을 거부한다. 본문은 우리 상황에 알맞게 뽑아내거나 맞추거나 적용해야 할 어떤 추상적인 원리나 사고를 가진 것이 아니다. 오히려 본문 자체가 성육신의 연장으로 보아야 한다.

아이언즈는 존 스토트가 말하는 성경의 시대와 오늘날의 시대의 소위 다리 놓기(bride building)의 설교에 대한 부정적 시각을 표출하면서 성경을 오늘날로 적용할 필요성을 느끼지 못한다고 강변한다.

우리나라의 구속사적 설교를 주창하는 학자들도 마찬가지다. 고재수 교수는 그의 「구속사적 설교의 실제」에서 실제로 행한 24편의 설교를 싣고 있는데 설교에서 삶으로의 실제적인 적용은 거의 나타나지 않는다. 그의 설교철학을 볼 수 있는 "구속사적 설교방법"의 해설에서도 적용에 대한 논의는 나타나지 않는다.[48] 구속사적 설교에서 적용에 대한 닫힌 철학은 정성구 교수의 「구속사적 설교의 원리와 방법」에서도 동일하게 나타난다. "상황적 설교"라는 제목의 글에서 정성구 교수는 구속사 설교가 상황적이라는 점을 세 가지로 표현한다. "삼위 하나님은 언제나 상황적이다." "하나님의 말씀은 상황적이다." "하나님의 계시를 증거하는 설교 자체가 상황적이다."[49] 정성구 교수의 적용에 대한 설교학적 입장은 일반적으로 구속사적 설교를 지향하는 사람들과 맥을 같이한다. 즉 본문이 예수 그리스도를 중심으로 구속하시는 하나님의 말씀이 선포되면 자연스럽게 적용적 의미를 지닌다는 것이다. 본문을 오늘날 삶에서 구체적으로 적용하는 것을 찾아보기 어럽다.

한편, 구속사적 설교의 적용에 대한 거부를 비판하는 목소리 역시 적지 않다. 에릭 웨이트는 "구속사적 설교의 위험성"이란 글에서 다음과 같이 밝힌다.

> 구속사적 설교를 주창하는 사람들 중에 가장 의외의 주장 가운데 하나는 설교자는 성경으로부터 어떠한 적용도 하지 말아야 한다는 것이다. 본문에서의 적용은 성령이 주도적으로 하는 것이라고 자주 말하곤 한다. 설교자는 본문만 설명할 뿐 오늘날 이슈에 맞도록 하는 어떠한 적용도 하지 말아야 한다.[50]

존 프레임도 구속사 설교자들의 적용에 대한 잘못된 사상을 질타한다.

> 어떤 구속사적 설교자들은 실천적인 적용에 대하여 반감을 가지고 있는 것처럼 보인다.…구속사를 강조하는 사람들은 '실천적인' 적용을 강하게 거부하는 것을 강조하는 인상을 받는다. 그들은 복음에는 초점을 맞추지만 율법에는 관심을 두지 않는다. 그리스도를 찬양하는 설교는 원하지만 사람들의 행동에 구체적인 변화를 요구하지는 않는다. 그들 생각에는 그리스도 중심의 설교는 구체적이고 실천적인 문제에 관해서는 지속적인 초점을 배제하는 것처럼 여겨진다.[51]

에드먼드 클라우니도 마찬가지다. 그는 구속사적 설교와 윤리적 적용에 대하여 이분법적으로 분리하는 것을 경계하고 구속사적 설교는 반드시 윤리적 적용이 있어야 할 것을 강조한다.

우리는 구속사적 접근과 소위 성경에 대한 윤리적 접근을 반대로 나누는 것을 거부해야 한다. 특히 역사적인 본문이 그렇다. 구속사적 접근은 필연적으로 윤리적 적용으로 나아가야 한다. 이것은 말씀을 전하는 가장 기본적인 요소이다. 그리스도 안에서 절정을 이루는 하나님의 구속적 사역을 대할 때마다 우리는 윤리적 요구에 직면하게 된다. 믿음에 대한 신앙적인 응답과 순종이 요구된다.[52]

이어서 그는 "구속사적 접근은 실천적인 것과 결코 대립적 관계를 이루지 않는다"라고 지적한다.[53] 성경신학적 시각에서 모든 본문에서 예수 그리스도를 전할 것을 강조하는 그레엄 골즈워디 역시 모든 설교에서 적용의 중요성을 강하게 지적한다.

설교의 본질은 청중에게 하나님의 말씀을 따르겠다는 소원을 불러일으키겠다는 생각으로 그 말씀을 청중의 의지에 적용하는 것이다. 주해는 거의 모든 설교 준비에서 중요한 측면이기는 하지만, 주해가 곧 설교는 아니다. 주해란 어떤 본문이 그 근접 전후 문맥에서 어떤 의미인지를 이해하는 것이다. 설교는 그 본문의 의미에서 시작해서, 오늘날의 청중의 정황에서 그 의미에 대한 합당한 적용으로 복음에 비추어서 진행해야 한다.[54]

지금까지의 논의를 통해 볼 때 구속사적 설교를 주장하는 사람들이라고 모두 적용을 거부하는 것은 아니다. 개혁주의 전통과 성경신학 속에서 구속사적 설교를 주장하는 사람들 가운데서도 설교에서의 구체적이고 실천적인 적용을 강조하는 사람이 적지 않다. 최근에 구속사적 설교가 지니는 적용에 대한 거부를 비판하면서 적용에 대한 관심을 가져야 할 것을 체계적으로 강조하는 책으로 John Carrick의 *The Imperative of Preaching*이 있다.[55] 저자는 이 책에서 전반적으로 설교의 적절한 수사학적 방법으로 본문의 직설법(indicative)인 원리에 근거하여 명령법(imperative)인 적용으로 나아가야 할 것을 강조한다. 그리스도 중심 설교의 대표적 학자인 브라이언 채플은 자신의 책에서 설교에서 가장 중요한 것을 적용으로 삼는다.

> 적용은 강해의 의무를 완성시킨다. 적용이란 성경 진리가 지금 그리고 개인적으로 나타난 결과라고 말할 수 있다. 적용이 없다면 설교자가 설교할 이유가 없다. 실제적이고 가능한 적용이 없는 진리는 아무런 구속적 목적을 성취하지 못하기 때문이다. 이 말은 설교의 바탕에는 진리를 선포하는 것에서 그칠 것이 아니라 진리를 적용하는 데까지 나아가야 한다는 말이다.[56]

구속사적 설교는 타락한 인류를 구원하시고 구원한 백성을 거룩하게 만들어 가시는 하나님을 집중적으로 증거하는 설교철학이다. 이는 성경의 기록 목적과 정확하게 일치한다. 구원과 성화를 위해 주신 하나님의 말씀은 설교의 목적에서도 여전히 적용되어야 한다. 가장 성경적인 설교란 성경의 기록 목적에 충실한 설교를 가리킨다. 즉, 구속사적 설교는 구원과 성화라는 청중의 거룩한 변화를 목적으로 나아가는 설교가 되어야 한다.

4. 성경적 설교로서의 구속사적 설교를 위한 제언

지금까지 필자는 성경신학에 근거한 구속사적 설교 또는 예수 그리스도 중심의 설교에 관하여 살펴보았다. 지금까지의 논의를 종합하면서 바람직한 구속사적 설교의 정립을 위해 몇 가지 제안하고자 한다.

첫째, 설교자는 주어진 본문의 일차적인 의미를 충실하게 파악해야 한다. 본문은 예수 그리스도로 나아가는 디딤돌이 아니다. 성경의 모든 본문은 하나님께서 동일한 계시로 주신 진리의 말씀이며 그 말씀은 고유한 의미를 담고 있다. 본문의 일차적인 의미를 무시한 채 예수 그리스도로 나아가려는 시도는 아무리 의도가 선해도 정당한 해석이 아니다. 성경 본문이 원저자가 의도하지 않은 말씀을 결코 의미하지 않는다는 해석학의 기본 원칙은 구속사적 설교에서도 동일하게 지켜져야 한다.

　일차적 문맥을 중시하는 해석은 구약을 해석할 때 특히 중요하다. 구약이 신약의 그리스도라는 빛 안에서 해석하는 것은 바람직하지만 구약의 지평을 무시하고 곧바로 그리스도로 연결하는 해석은 정당한 해석이 아니다. 주어진 본문의 일차적 의미를 무시하고 무조건 예수라는 안경으로 본문을 읽어 들어가는 것은 본문을 해석하는 일이 아니라 본문에 해석을 강요하는 일이다.[57] 본문을 무시하고 예수 그리스도의 메시지만 찾으려는 노력은 흔히 알레고리 해석을 낳기도 한다. 알레고리 해석은 본문의 문자적, 문법적, 역사적, 신학적 의미를 본문과 배경을 통해 파악하지 않고 예수와 연결시키려 하는 영해를 가리킨다. 그리스도 중심의 설교라는 철학은 성경의 본문으로 들어가는 해석학적 문이 되어서는 안 된다. 본문의 충실한 해석이 끝나고 난 다음 나아가야 할 문이다.

　둘째, 본문의 일차적 주해가 끝나면 반드시 성경 전체의 시각으로 본문을 해석해야 한다. 성경 전체의 시각이란 성경신학적 배경을 가리키는 것으로 예수 그리스도를 중심으로 타락한 인류를 구원하시는 하나님의 구속을 가리킨다. 성경의 한 본문은 한 그루의 나무처럼 부분적으로 존재하는 것이 아니라 전체의 숲 가운데 연결되어 하나의 온전한 전체를 이루고 있다. 구약은 약속의 성취를 바라보는 책이며, 신약은 그리스도로 말미암은 성취된 말씀을 증언한다. 구약의 지평을 무시하고 무조건 예수 그리스도를 전하는 것도 문제이지만, 구약의 해석에서 그쳐버리고 신약으로 나아가지 못하는 해석은 더 큰 문제를 야기한다. 이는 자칫 기독교의 복음을 유대교로 전락시키는 우를 범하게 만든다.[58]

셋째, 본문의 말씀에 근거하여 삶 속으로 적용해야 한다. 적용에 대한 부정적 시각은 구속사적 설교의 가장 치명적인 결함이다. 설교란 본문의 의미를 풀이하는 주석이 아니다. 주석은 설교를 위한 필수적인 단계이지만 주석 자체가 설교의 목적은 아니다. 설교의 목적은 당시의 말씀을 오늘날로 적용하여 청중의 삶에 거룩한 변화를 일으키는 것이다. 그리스도의 메시지가 사라진 설교가 기독교의 설교가 아닌 것은 적용이 없는 설교가 진정한 의미에서 기독교 설교가 아닌 것과 동일하다. 이런 점에서 존 스토트는 "적용이 시작될 때 비로소 설교는 시작된다"고 말한다.

성경적인 설교란 본문의 의미가 오늘날 청중에게 제대로 적용될 때 가능하다. 가장 성경적인 설교의 실례라 할 수 있는 바울 서신에는 전반부에 교리와 신학 또는 해설이 나오고, 후반부에는 전반부의 말씀에 근거하여 청중의 삶으로 구체적인 윤리와 적용이 나온다. 적용이란 본문에서 그리스도의 메시지를 뽑아내는 것이 아니라 그 메시지가 오늘날 청중에게 어떻게 들려지는지 연결하는 것이다. 적용을 통해 거룩한 변화를 목적으로 하지 않고 본문의 뜻만 풀이하는 설교는 설교의 목적을 벗어난 주해에 불과하다.

넷째, 하나님의 구원과 사랑에 대한 반응으로서의 삶의 변화를 촉구해야 한다. 설교의 목적이 삶의 변화를 추구한다고 하지만 그 근거가 중요하다. 신앙인이 열심을 내는 삶은 하나님의 은혜와 사랑을 좀 더 받는 조건이 될 수 없다. 이사야 선지자는 우리의 모든 의가 주님 앞에 더러운 옷에 불과하다고 고백한다. 바람직한 적용과 촉구란 하나님의 행하신 구원과 사랑에 대한 인간의 반응에서 나와야 한다. 그레엄 골즈워디는 바람직한 적용의 동인을 다음과 같이 설명한다.

> 성경 본문을 교인들에게 적용하되, 그 적용은 오직 그리스도 안에서, 오
> 직 그리스도를 통해서 실현된다는 것을 명확히 하지 않으면서 적용하는 설
> 교가 있다면, 어떤 설교든 기독교적인 설교가 아니다. 그것은 기껏해야 소
> 원이나 경건주의적 생각을 드러내는 것일 뿐이다. 그리고 최악의 경우 그
> 것은 그리스도를 부인하는 율법주의라는 점에서 사단적이다.[59]

오늘날 교회는 신자들의 열심을 촉구할 목적으로 신앙생활에서 공로주
의적 요소를 자극하는 경우가 허다하다. 성경적 설교에서 적용에 대한 근
거는 오직 예수 그리스도가 주신 은혜에 대한 신앙인의 반응과 주님을 향
한 사랑에 근거해야 한다. 우리는 전 삶을 바치는 헌신이 있을지라도 "나는
무익한 종이라. 마땅히 해야 할 일을 한 것뿐입니다"라는 신앙을 가르쳐야
한다.

성경적인 설교란 하나님께서 성경 저자에게 계시한 말씀의 의미를 성령
님의 조명에 의지하면서 묵상과 주해의 과정을 통하여 바르게 파악하여 청
중의 거룩한 변화를 위하여 삶으로 적용하는 설교이다. 성경적인 설교를
위해서 설교자는 본문을 대할 때마다 질문해 보아야 한다. 하나님은 이 본
문에서 무엇을 말하고자 하시는가? 설교자는 강단에 설 때마다 질문해 보
아야 한다. 지금 예수님이 이 설교를 들으면서 고개를 끄덕이고 계시는가?
하나님이 의도한 말씀을 바르게 해석하고 예수님이 인정하는 설교, 강단에
서 선포될 때 청중의 삶에 진리의 말씀으로 인한 거룩한 변화를 일으키는
설교, 그것이 바로 모든 기독교 설교자들이 나아가야 할 설교의 방향이다.

참고문헌

고재수. 「구속사적 설교의 실제」. 서울: 기독교문서선교회, 1987.

골즈워디, 그레엄. 「성경신학적 설교 어떻게 할 것인가: 강해설교의 성경신학적 적용」.
        김영재 역. 서울: 성서유니언선교회, 2002.

김지찬. "역사서와 기독론적 설교: 여호수아 5장 1-9절을 중심으로." 「그말씀」 2002년 12월.

김지찬. "구속사적 설교가 바른 설교인가?" 「기독신문」 1988년 11월 4일.

김창훈. "구속사적 설교의 평가." 「성경과 개혁신학: 서철원 박사 은퇴 기념 논총」.
        서울: 쿰란출판사, 2007.

류응렬. "예수 그리스도 중심의 설교: 그 기초와 방법론." 「신학지남」 277호, 2003년 겨울호.

류응렬. "왜 그리스도 중심의 설교인가?" 「한국개혁신학」 제19권, 2006년 4월.

변종길. "구속사적 설교의 의미와 한계." 「그말씀」 1998년 11월.

석원태. 「구속사적 설교신학원론」. 서울: 경향문화사, 2003.

유해무 교수의 반론. "구속사적 설교 이대로 좋은가?" 「기독신문」 2001년 1월 6일.

정성구. 「구속사적 설교의 원리와 방법」. 서울: 칼빈주의연구원, 1988.

정창균. "구속사적 설교론의 근거와 제기되는 문제들." 「그말씀」 1998년 11월.

정창균. "기독론적 설교의 함정과 오류, 그리고 극복." 「그말씀」 2002년 12월.

Adams, Jay E. *Truth Applied: Application in Preaching*. Grand Rapids: Zondervan, 1990.

Adams, Jay E. *Preaching with Purpose: A Comprehensive Textbook on Biblical Preaching*.
        Grand Rapids: Baker, 1982.

Carrick, John. *The Imperative of Preaching: A Theology of Sacred Rhetoric*. Edinburgh: The
        Banner of Truth Trust, 2002.

Chapell, Bryan. *Christ-centered Preaching: Redeeming the Expository Sermon*. Grand Rapids:
        Baker Books. 1994; reprint, 2001.

Clowney, Edmund P. *The Unfolding Mystery: Discovering Christ in the Old Testament*.

Phillipsburg: P & R, 1988.

Clowney, Edmund P. *Preaching and Biblical Theology*. Phillipsburg: P & R, 2002, reprint.

Clowney, Edmund P. *Preaching Christ in All Scripture*. Wheaton: Crossway Books, 2003.

Davis, John J. "Unity of the Bible." In *Hermeneutics, Inerrancy, and the Bible*. Ed. Earl D. Radmacher and Robert D. Preus. Grand Rapids: Zondervan, 1984.

Glen, J. Stanley. "Jesus Christ and the Unity of the Bible." *Interpretation 5*(1951).

Goldsworthy, Graeme. *Preaching the Whole Bible as Christian Scripture*. Grand Rapids: Eerdmans, 2000.

Goppelt, Leonhard. *Typos: The Typological Interpretation of the Old Testament in the New*. Translated by Donald H. Madvig. Grand Rapids: Eerdmans, 1982.

Filson, Floyd V. *The Unity of the Old and the New Testament.*

Frame, John. "Ethics, Preaching, and Biblical Theology." www.frame-poythress.org/ frame_articles/1999 Ethics.htm.

Greidanus, Sidney. *Preaching Christ from the Old Testament: A Contemporary Hermeneutical Method*. Grand Rapids: Eerdmans, 1999.

Greidanus, Sidney. *Sola Scriptura: Problems and Principles in Preaching Historical Texts*. Eugene, OR: Wipf and Stock Publishers, 2001, reprinted.

Greidanus, Sidney. *Preaching Christ from Genesis: Foundations for Expository Sermons*. Grand Rapids: Eerdmans, 2007.

Hengstenberg, Ernst W. *Christology of the Old Testament*. Grand Rapids: Kregel, 1970; reprinted.

Irons, Lee. "Redemptive-historical Preaching." *Krux*(2001).

Johnson, Dennis E. *Him We Proclaim: Preaching Christ form All the Scripture*. Phillipsburg: P & R, 2007.

Kaiser, Walter C. *The Messiah in the Old Testament*. Grand Rapids: Zondervan, 1995.

Krabbendam, Hendrik. "Hermeneutics and Preaching." In *The Preacher and Preaching*. Phillipsburg, NJ: Publishing, 1986.

Ladd, George Eldon. *The Presence of the Future*. Grand Rapids: Eerdmans, 1996.

Ladd, George Eldon. *The Gospel of the Kingdom: Scriptural Studies in the Kingdom of God*. Grand Rapids: Eerdmans, 1959; reprint, 2003.

Larsen, David. "When Shall We Preach Christ?" In *The Anatomy of Preaching: Identifying the Issues in Preaching Today*. Grand Rapids: Kregel, 1989.

Martens, E. A. *God's Design: A Focus on Old Testament Theology*. Grand Rapids: Baker, 1981.

Poythress, Vern S. *The Shadow of Christ in the Law of Moses*. Phillipsburg: P & R, 1991.

Radmacher Earl D. and Robert D. Preus(ed.). "The Chicago Statement on Biblical Hermeneutic." In *Hermeneutic, Inerrancy and the Bible: Papers from ICBI Summit II*. Grand Rapids: Zondervan Academic Books, 1984.

Ridderbos, Herman. *Paul: An Outline of His Theology*. Translated by John Richard De Witt. Grand Rapids: Eerdmans, 1975.

Robertson, O. Palmer. *The Christ of the Covenant*. Phillipsburg: P & R, 1980.

Robertson, O. Palmer. *The Christ of the Prophets*. Phillipsburg: P & R, 2004.

Schilder, K. *Preken*. vol. 3., ed. W. G. De Vries. Goes: Oosterbaan & Le Cointre, 1954-1955.

Scobie, Charles H. H. *The Ways of Our God: An Approach to Biblical Theology*. Grand Rapids: Eerdmans, 2003.

Thomas, T. Glyn. "The Unity of the Bible and the Uniqueness of Christ." *The London Quarterly and Holborn Review 35*(1966).

Vos. *The Pauline Eschatology*. Phillipsburg: P & R, 1979.

Vos, Geerhardus. Biblical Theology: *Old and New Testaments*. Edinburgh: The Banner of Truth Trust, 1992 (reprinted).

Wait, Erik. "The Danger of Redemptive-Historical Preaching." www.erikwait.com/cgi-local/
   printer_friendly.cgi?story_id=280.

주

1) 성경신학적 배경 속에서 설교학을 주창하는 에드먼드 클라우니는 "독특하면서 가치 있는 연구로서의 성경신학은 성경에 나타난 역사적 발전과 신학적 단일성을 깊이 있게 다루어야 한다"고 주장한다. Edmund P. Clowney, *Preaching and Biblical Theology*(Phillipsburg: P & R Publishing, 1961; reprint, 2002), 17. 계시의 점진성과 유기성에 근거하여 성경신학을 제시하는 것으로는 게르할더스 보스의 책에서 잘 나타난다. Geerhardus Vos, *Biblical Theology: Old and New Testaments*(Edinburgh: The Banner of Truth Trust, 1992, reprint).

2) 성경 전체를 어떤 주제로 통찰할 수 있는가의 문제는 오래된 성경신학적 이슈이다. 하나의 주제로 볼 수 있는지, 아니면 다중 주제로 동시에 통찰할 것인가도 지속적인 논란거리이다. 하나의 주제를 주장하는 사람들은 성경이 하나님의 구원, 하나님의 언약, 약속과 성취, 하나님의 나라, 하나님의 선교, 종말론, 새 창조, 하나님의 화해 또는 하나님의 은혜 등으로 성경을 통일적으로 이해한다. 단일 주제로 성경 전체를 통찰하기에 부족하다고 여기는 사람들은 다중 주제로 성경을 접근한다. 예를 들어, 엘머 마텐스는 출애굽기 5:22-6-8장을 기초로 하나님의 구원, 언약공동체, 하나님을 아는 지식, 그리고 풍성한 삶으로서의 땅이라는 주제로 신구약 전체를 통찰해 간다. Elmer Martens, *God's Design: A Focus on Old Testament Theology*(Grand Rapids: Baker, 1981). 최근에 찰스 스코비는 *The Ways of Our God*이란 제목의 방대한 책에서 성경 전체를 하나님의 질서(God's Order), 하나님의 종(God's Servant), 하나님의 백성(God's People), 그리고 하나님의 방법(God's Way)이라는 4중 구도로 접근하는 다중적 접근방식을 보이고 있다. Charles H. H. Scobie, *The Ways of Our God: An Approach to Biblical Theology*(Grand Rapids: Eerdmans, 2003). 단일주제이든 다중주제 접근이든 그리고 어떤 주제로 접근하더라도 계시의 유기성과 통일성 그리고 점진성을 믿는 학자들은 모든 계시가 그리스도에게서 완성된다는 점에서는 이견이 없다.

3) 일반적으로 루터의 설교 철학을 그리스도 중심적 해석이라고 부르는 한편 칼빈의 설교 철학을 하나님의 주권과 영광에 초점을 맞추는 하나님 중심적 해석(Theocentric

Interpretation)이라고 부른다. 시드니 그레다누스는 칼빈의 해석을 다음과 같이 소개한 다. "칼빈의 구약 해석 방법론과 루터의 그리스도 중심 해석 방법과 구별하기 위해 전자 를 하나님 중심적 해석이라 부른다. 하나님의 주권과 영광에 초점을 맞추는 하나님 중심 의 해석은 그리스도 중심의 해석보다 더 광범위하지만, 기독론적 해석을 반드시 배제하지 는 않는다. 칼빈은 구약성경을 하나님을 중심으로 하는 역사적 해석을 성경이 말하는 그 리스도를 중심으로 하는 초점과 결합하고자 노력했다. Sidney Greidanus, *Preaching Christ from the Old Testament: A* Contemporary Hermeneutical Method(Grand Rapids: Eerdmans, 1999), 137.

4) Edmund P. Clowney, *Preaching and Biblical Theology*(Phillipsburg: P & R, 2002, reprint); *The Unfolding Mystery: Discovering Christ in the Old Testament*(Phillipsburg: P & R, 1988); *Preaching Christ in All Scripture*(Wheaton: Crossway Books, 2003).

5) Graeme Goldsworthy, *Preaching the Whole Bible as Christian Scripture*(Grand Rapids: Eerdmans, 2000).

6) Ernst W. Hengstenberg, *Christology of the Old Testament*(Grand Rapids: Kregel, 1970; reprinted).

7) O. Palmer Robertson, *The Christ of the Covenant*(Phillipsburg: P & R, 1980).

8) Ibid., *The Christ of the Prophets*(Phillipsburg: P & R, 2004).

9) Walter C. Kaiser, *The Messiah in the Old Testament*(Grand Rapids: Zondervan, 1995).

10) Leonhard Goppelt, *Typos: The Typological Interpretation of the Old Testament in the New*, Translated by Donald H. Madvig(Grand Rapids: Eerdmans, 1982).

11) George Eldon Ladd, *The Presence of the Future*(Grand Rapids: Eerdmans, 1996).

12) Vern S. Poythress, *The Shadow of Christ in the Law of Moses*(Phillipsburg: P & R, 1991).

13) Herman Ridderbos, *Paul: An Outline of His Theology*, Translated by John Richard De Witt(Grand Rapids: Eerdmans, 1975).

14) 이들의 책은 본고가 진행되면서 조금씩 소개하고자 한다.

15) 고재수, 『구속사적 설교의 실제』(서울: 기독교문서선교회, 1987); 정성구, 『구속사적 설교의 원리와 방법』(서울: 칼빈주의연구원, 1988); 석원태, 『구속사적 설교신학원론』(서울: 경향문화사, 2003).

16) 대표적인 글 가운데 정창균, "구속사적 설교론의 근거와 제기되는 문제들," 『그말씀』 (1998년 11월), 6-13; "기독론적 설교의 함정과 오류, 그리고 극복," 『그말씀』(2002년 12월), 18-29; 그리고 변종길, "구속사적 설교의 의미와 한계," 『그말씀』(1998년 11월), 14-23; 그리고 최근에 김창훈 교수가 쓴 "구속사적 설교의 평가," 『성경과 개혁신학: 서철원 박사 은퇴 기념 논총』(서울: 쿰란출판사, 2007), 1155-1174를 보라.

17) K. Schilder, Preken, vol. 3., ed. W. G. De Vries(Goes: Oosterbaan & Le Cointre, 1954-1955), 223, 그레다누스의 Sola Scriptura, 122에서 재인용.

18) Vos, Biblical Theology, 7.

19) Vos, 5.

20) Hendrik Krabbendam, "Hermeneutics and Preaching," in The Preacher and Preaching(Phillipsburg, NJ: Publishing, 1986), 232.

21) 성경의 통일성에 관해서는 다음의 글들을 참조하라. John J. Davis, "Unity of the Bible," in Hermeneutics, Inerrancy, and the Bible, ed. Earl D. Radmacher and Robert D. Preus(Grand Rapids: Zondervan, 1984), 641-659. 데이비스는 이 글에서 성경은 주제적 통일성, 역사적 통일성, 예언과 성취, 그리고 기독론적 통일성을 지닌다고 주장한다. 예수 그리스도가 성경의 통일성을 이루는 가장 중요한 주제라는 주장에 관해서는 다음의 글들을 참조하라. Floyd V. Filson, "The Unity of the Old and the New Testament," 51; T. Glyn Thomas, "The Unity of the Bible and the Uniqueness of Christ," The London Quarterly and Holborn Review 35(1966): 219-227; J. Stanley Glen, "Jesus Christ and the Unity of the Bible," Interpretation 5(1951): 259-267.

22) Vos, Biblical Theology, 7. 보스는 주어진 성경 계시가 비록 씨앗의 형태를 지니고 있지만 그 성질상 씨앗은 조금도 완전함에 못 미치는 것은 아니라고 주장한다.

23) 여기서 이 시대와 다가올 시대라는 두 시대는 두 개의 세상을 의미하는 것이 아니라 두 개의 왕국을 가리킨다. 두 시대는 예수 그리스도가 재림할 때 그리고 죽음으로부터 부활하는 것으로 나누어진다. 비록 예수의 재림 때 이루어질 완성을 기다리지만 예수 그리스도가 죽은 자로부터 부활했을 때 이미 새 시대가 시작되었다. 부활하신 주님과 재림 사이에 살아가는 신앙인들의 종말론적 삶을 위해 다음의 책을 참고하라. George Eldon Ladd, The *Gospel of the Kingdom: Scriptural Studies in the Kingdom of God*(Grand Rapids: Eerdmans, 1959; reprint, 2003), 24-39. 보스도 두 시대의 성경적 배경을 잘 설명한다. Vos, *The Pauline Eschatology*(Phillipsburg: P & R, 1979). 두 시대라는 종말론적 이해는 마태복음 12장 32절, 마가복음 10장 29-30절, 갈라디아서 1장 4절 등에 나타난다.

24) 예수 그리스도 안에서 연합한 사람들이 누리는 종말론적 상태에 관하여 다음을 참고하라. Lee Irons, "Redemptive-historical Preaching," *Krux*(2001): 41.

25) Bryan Chapell, *Christ-centered Preaching: Redeeming the Expository Sermon*(Grand Rapids: Baker Books, 1994; reprint, 2001).

26) *Ibid.*, 50.

27) *Ibid.*, 288-293.

28) 성경의 인물을 우리가 따르거나 따르지 말아야 할 모범으로 제시하는 설교가 무조건 인간 중심적 설교라고 주장하는 것은 구속사적 설교를 극단적으로 주장하는 사람들의 오류에 속한다. 이 부분은 "구속사적 설교의 한계와 위험성"에서 다루도록 하겠다.

29) Jay E. Adams, *Preaching with Purpose: A Comprehensive Text Book on Biblical Preaching*(Grand Rapids: Baker, 1982), 147; John Carrick, *The Imperative of Preaching*: A Theology of Sacred Rhetoric(Edinburgh: The Banner of Truth Trust, 2002), 112.

30) 류응렬, "왜 그리스도 중심의 설교인가?," 「한국개혁신학」 제19권(2006. 4), 221-235.

31) 하나님의 구원과 하나님의 백성의 삶은 두 가지로 분리되는 메시지가 아니다. 하나님의 구원이 예수 그리스도를 통해 이루어지듯 하나님의 백성의 삶 역시 하나님이 주신 은혜에 대한 응답으로 이루어진다. 가능하게 하는 주체가 그리스도라는 점에서 구원과 성화

는 하나의 메시지로 보아야 한다. 이 부분은 본 논문의 해석과 적용 부분에서 자세히 다루고자 한다.

32) Edmund P. Clowney, *Preaching Christ in All of Scripture*(Wheaton: Crossway Books, 2003), 11.

33) Ridderbos, *Paul*, 44.

34) "The Chicago Statement on Biblical Hermeneutic," In *Hermeneutic, Inerrancy and the Bible: Papers from ICBI Summit II*, ed. Earl D. Radmacher and Robert D. Preus(Grand Rapids: Zondervan Academic Books, 1984), 890-891.

35) Chapell, *Christ-centered Preaching*, 279-280.

36) Larsen, "When Shall We Preach Christ?," in *The Anatomy of Preaching: Identifying the Issues in Preaching Today*(Grand Rapids: Kregel, 1989), 165.

37) 김지찬, "역사서와 기독론적 설교: 여호수아 5장 1-9절을 중심으로," 「그말씀」(2002. 12), 53. 김지찬 교수는 이 글에서 고재수 교수의 「구속사적 설교의 실제」에 실린 설교 가운데 창세기 12장 10-20절을 본문으로 한 "아브라함의 거짓말"이란 설교를 구속사적 설교가 범하는 대표적인 잘못으로 비판한다. 김지찬 교수의 글은 구속사적 설교를 주장하는 사람들이 본문에 밀착하지 않은 채 곧바로 그리스도에게로 넘어갈 때 발생하는 오류를 잘 지적한다. 그는 잘못된 구속사적 설교의 해석에 집착할 것이 아니라 본문에 충실한 본문 설교를 제안한다. "앞뒤의 근접 문맥에 충분히 주의를 기울이면서 먼저 본문 자체를 문법적-문예적-역사적 방법으로 해석해야 함에도 불구하고, 그리스도로 절정에 이르는 구속사를 너무 '빠르게' 본문 안에 읽어들인(reading into) 결과 이런 식으로 해석한 것이다. 구속사적 설교의 원리는 성경본문의 해석을 관장하는 '전체적 태도와 자세'가 되어야 함에도 불구하고, 본문의 1차적 주해 과정에 지나치게 간섭함으로써 본문을 오해하게 만드는 데 가장 문제점이 있다. 이런 내장적 문제가 있는 한, 약간의 교정과 수정만으로 기존의 구속사적 설교를 지속시킬 필요가 있을까? 오히려 '오직 성경 본문만으로'라는 종교개혁의 정신으로 돌아가는 것이 더 지혜로운 것이 아닐까? 모범적 설교이든, 구속사적 설

교이든 간에 성경 본문의 목소리에 먼저 귀를 기울이려 한다면 계속해서 구속사적 설교를 고집하기보다는 본문 중심의 설교로 돌아서는 것이 더 낫지 않을까?" 김지찬, "구속사적 설교가 바른 설교인가?," 「기독신문」(1988. 11. 4). 김지찬 교수가 여기서 지적하고 비판하는 구속사적 설교는 정당한 구속사적 설교를 대표한다고 보기는 어렵다. 소위 '잘못된 구속사적 설교'의 과오를 경계하는 말로 보아야 한다. 구속사적 설교를 지향하는 사람들은 김 교수가 말하고자 하는 본문의 일차적인 의미를 충실하게 따르면서 거기서 그치지 않고 성경 전체의 시각으로 보자는 것이다. 물론 개인적인 해석의 차이는 있을지라도 구속사적 설교의 원리는 주어진 성경 본문에 충실하면서 성경 전체를 거시적으로 보아야 한다는 말이다. 김지찬 교수의 비판에 대한 유해무 교수의 반론, "구속사적 설교 이대로 좋은가?" 「기독신문」(2001. 1. 6)을 참고하라.

38) 궁극적으로 예수 그리스도의 메시지를 전해야 한다는 답변은 신학을 공부하는 학도와 현장의 목회자들 모두에게서 발견되는 공통적인 대답이다.

39) 류응렬, "예수 그리스도 중심의 설교: 그 기초와 방법론," 「신학지남 277호」(2003년 겨울호), 290-292를 보라. 필자는 이 글에서 구속사적 해석에서 주의해야 할 점을 지적했다. "첫째, 설교의 대상 본문은 일차적으로 성실한 문법적, 역사적 주해를 거쳐야 한다. 그리스도 중심 설교가 본문의 지평 내에서 일차적으로 말하고자 하는 의미를 무시한 채 어떤 선입견을 가지고 본문으로 들어가는 것은 바른 주해법이 될 수 없다." "둘째, 구약의 본문은 철저하게 구약의 지평 안에서 일차적으로 읽어야 함 신약에서 구약으로 뛰어 들어가서는 안 된다."

40) Greidanus, *Christ-centered Preaching*, 347-348.

41) Greidanus, *Preaching Christ from Genesis: Foundations for Expository Sermons*(Grand Rapids: Eerdmans, 2007).

42) Dennis E. Johnson, *Him We Proclaim: Preaching Christ form All the Scripture* (Phillipsburg: P & R, 2007), 377-407.

43) 그러나 실제 존슨의 책에는 5가지 제목 안에 그레다누스보다 훨씬 더 세밀하게 주해 과

정과 설교 작성 과정을 소개하고 있다. 필자는 '열 단계 설교 작성법'이란 제목으로 주해와 설교 작성 과정을 가르치고 있다. 1. 본문을 선택하라. 2. 경건한 읽기를 하라. 3. 본문을 주해하라. 4. 중심 사상을 찾으라. 5. 예수 그리스도 중심으로 이해하라. 6. 설교 형식을 결정하라. 7. 설교 개요를 작성하라. 8. 예화를 작성하라. 9. 적용을 작성하라. 10. 서론과 결론을 작성하라. 예수 그리스도의 눈으로 본문을 보는 것은 반드시 일차적 문맥과 배경 연구가 끝나고 난 다음 성경 전체의 시각으로 나아가야 할 방향이다.

44) Chapell, *Christ-centered Preaching*, 290.

45) Sidney Greidanus, *Sola Scriptura: Problems and Principles in Preaching Historical Texts*(Eugene, OR: Wipf and Stock Publishers, 2001, reprinted), 157. 그레다누스는 설교의 정의에 대한 동일한 시각을 Van Dijk와 Holwerda 등을 들면서 소개한다.

46) Lee Irons, "Redemptive-historical Preaching." www.kerux.com/documents/keruxv16n2a4. htm. 구속사적 설교학을 강조하는 사람들은 주로 Kerux 저널을 통해 자신들의 해석과 설교철학을 소개한다.

47) Ibid.

48) 고재수, 「구속사적 설교의 실제」, 195-201.

49) 정성구, 「구속사적 설교의 원리와 방법」, 33-35.

50) Erik Wait, "The Danger of Redemptive-Historical Preaching." www.erikwait.com/cgi-local/printer_friendly.cgi?story_id=280.

51) John Frame, "Ethics, Preaching, and Biblical Theology." www.frame-poythress.org/frame_articles/1999Ethics.htm.

52) Clowney, *Preaching and Biblical Theology*, 79-80.

53) *Ibid.*, 81.

54) 그레엄 골즈워디, 「성경신학적 설교 어떻게 할 것인가: 강해설교의 성경신학적 적용」, 김영재 역 (서울: 성서유니언선교회, 2002), 197.

55) Carrick, *The Imperative of Preaching*.

56) Chapell, *Christ-centered Preaching*, 210. 설교에서 진리가 적용되어야 할 것을 강조한 것으로 Jay E. Adams, Truth Applied: Application in Preaching(Grand Rapids: Zondervan, 1990)을 참고하라.

57) 성경적인 설교자는 본문을 통제하는 주체가 아니라 본문의 통제를 받아야 할 사람이다. 설교자는 바흐의 음악을 창조하는 작곡가가 아니라 그 음악을 연주하는 연주자이다. 빛을 비추는 해가 아니라 태양의 빛을 받아 빛나야 할 달의 역할을 감당해야 한다.

58) 성경 전체의 시각에서 예수 그리스도의 메시지를 찾아낸다는 것은 논리만큼 그 방법이 쉬운 것은 아니다. 때로는 본문이 직접 예수 그리스도를 나타내는 경우가 있는가 하면 다가올 예수 그리스도를 예표하는 본문도 있다. 구약 본문 가운데 직접 예언이나 예표는 그리 흔하지는 않다. 이럴 경우 본문에서 구속적 메시지를 콘텍스트 속에서 살펴야 할 때가 있다. 브라이언 채플은 예언적 본문, 준비하는 본문, 반영하는 본문, 그리고 결과로 나타나는 본문 등의 네 가지로 콘텍스트를 통한 구속적 메시지를 찾는 방법을 제시한다. Chapell, *Christ-centered Preaching*, 282-288을 참고하라.

59) 골즈워디, 「성경신학적 설교 어떻게 할 것인가」, 201.

| Chapter 2 | 성경 본문 중심의 설교

예배에서 선포되는 모든 설교는 성경적 설교여야 한다. 예전학적으로 볼 때 설교 시간은 경전 해석의 시간이기 때문이다. 성경의 본문을 충실하게 주석하지 않은 설교는 사람들에게 아름답고 능력 있는 것으로 인정받는다 하더라도 예전학적으로는 적절치 않은 설교이다. 설교란 '설교자의 권위'가 아니라 '성경의 권위' 아래서 실행됨을 전제하기 때문이다.

성경 본문 중심의 설교

이성민_감리교신학대학 설교학 교수

1. 성경과 설교

1) 선포되는 주제의 핵심적 통로로서의 성경

설교자는 설교를 준비할 때에 적절한 원리를 적용하여 성경 본문을 선택해야 한다. 구체적인 원칙이 없이 성경 본문을 결정하면 본문을 결정할 때와 본문 해석을 할 때에 부담감과 어려움을 경험하게 된다. 반면에 설교자가 분명한 해석학적 원리에 따라 성경 본문을 결정하면 본문 선택을 보다용이하게 할 수 있고, 본문 해석에서도 체계적인 원리를 적용할 수 있다.

설교를 작성할 때 성경 본문을 선택하는 원리는 설교의 주제와 성경 본문 사이를 연결하는 해석학적 고리가 된다. 구체적인 원칙이 없이 본문이선택될 경우 설교의 주제와 본문 사이에 해석학적 단절이 발생할 여지가매우 높다. 선택된 본문과 설교의 주제가 자연스러운 해석학적 결합을 하지 못하고 '따로따로' 전개되는 설교는 대부분 원칙 없이 본문을 선택한 결과이다.

설교를 위한 성경 본문의 선택은 "설교의 주제를 진술하는 핵심적 통로는 성경이다"라는 원칙에서 출발한다. 설교자가 설교를 하면서 성경 본문을 인용하고 설명하는 이유는 설교가 단순히 설교자의 말이 아니라 성경이라고 하는 기록된 계시의 말씀으로부터 나오는 하나님의 말씀이기 때문이다. 따라서 설교자는 성경이 단순히 과거에 있던 하나님과 그의 백성 사이의 계시의 유물이라는 생각에서 벗어나서, 하나님은 지금도 성령 안에서 성경 본문을 통하여 하나님의 계시를 새롭게 조명해 주신다는 신념을 가지고 있어야 한다. 이러한 성경 본문의 '현재적 계시성'에 대한 신념을 확보하지 못한 설교에서는 '성경이 설교의 주제를 진술하는 핵심적 통로'라는 해석학적 원리가 적용되기 어렵다.

토마스 롱(Thomas G. Long) 교수는 '성경적 설교(biblical preaching)'란 "기독교 설교의 규범적 형식"이라고 강조하면서, "설교자가 성경의 본문으로 하여금 설교의 내용과 목적을 형성하는 데에 주도적인 역할을 하도록 허용할 때에 발생한다"고 말한다.[1] 설교에서 성경 본문을 선택하는 이유는 기록될 당시에 주어진 본문의 의미만을 설명하기 위해서가 아니다. 과거에 하나님이 말씀하셨던 성경의 본문을 오늘의 상황에서도 재차 말씀하시도록 하기 위해서다. 이러한 의미에서 '성경적 설교'는 텍스트가 기록될 당시의 역사적 상황에서의 의미에 충실하려는 학문적 주석 작업과는 본질적으로 다른 차원의 해석 작업이다. 설교자가 회중에게 성경의 본문이 살아 있는 하나님의 음성으로 현재적이며 실존적으로 들리게 할 때에 비로소 '성경적 설교'가 이루어진다.

---

1) Thomas G. Long, *The Witness of Preaching* (Louisville, Kentucky: Westminster / John Knox Press, 1989), 48.

2) '연속 성경일과'와 '선별 성경일과'

성경 본문을 선택할 때 설교자는 본문을 연속적으로 설교할 것인지, 아니면 교회의 필요와 설교자가 선택한 주제에 따라 비연속적으로 선택할 것인지 결정해야 한다. 전통적으로 그리스도인의 예전적 삶을 위한 성경 묵상은 두 가지 방식으로 이루어져 왔다. 하나는 '연속 성경일과(lectio continua)'이고 다른 하나는 '선별 성경일과(lectio selecta)'이다.[2] '연속 성경일과'는 성경 전체 혹은 성경의 한 책을 처음부터 연속성을 가지고 한 장씩 혹은 적당한 분량을 정하여 묵상하는 방법이다. '선별 성경일과'는 교회력, 절기, 예배의 주제 등을 고려하여 적절한 성경의 말씀을 선별적으로 택하여 구성한 것이다.

토마스 롱 교수는 다음과 같이 본문 선택의 네 가지 방법을 제시한다.[3]

(1) 연속적 본문 강해: 성경의 한 책을 정하여 연속적으로 설교하는 것
(2) 공동 성경일과: 개신교회가 공동으로 정한 성경일과에 따라 설교하는 것
(3) 개체 교회의 계획: 예배위원회 등에서 교회의 목회 계획에 따라 설교 본문을 계획하는 것
(4) 설교자의 선택: 설교자가 매주 교회와 사회의 상황에 따라 설교 본문을 선택하는 것

여기에서 첫 번째 방법은 '연속 성경일과'이며, 나머지 세 방법은 '선별 성경일과'이다.

---

2) 정장복 편저, 「교회력과 성경일과」(서울: 대한기독교서회, 1996), 53-56.
3) Thomas G. Long, *The Witness of Preaching*, 62-64.

설교 기술인가? 능력인가?

'연속 성경일과'는 전통적으로 유대교에서 사용하던 방법이며, 많은 교부들이 이러한 방법을 사용하여 설교의 본문을 결정하였다. 츠빙글리와 급진적인 종교개혁자들이 중세의 '선별 성경일과'를 거부하면서 그 대안으로 연속일과를 택하였다. '연속 성경일과'의 장점은 성경을 연속성 있게 볼 수 있다는 것이다. 교회의 삶 속에서 주일 책별 강해 설교가 이 방법을 따르고 있고, 성경 통독의 방법으로 널리 사용되고 있다. 오늘날 성경 본문을 강조하는 소위 '강해 설교자들'은 이 방법에 따라 본문을 선정하여 설교를 하고 있다. 한국의 두란노서원에서 발행하는 「그말씀」은 '연속 성경일과'에 근거해 설교를 수행하는 '강해 설교'를 위한 전문잡지로 '연속 성경일과'를 중요시하는 설교자들에게 도움을 주고 있다.

설교에서 공동 성경일과를 사용하면 몇 가지 이로운 점이 있다.

(1) 설교자의 개인적 편향에 따라 설교 본문이 선택되는 것을 방지한다.
(2) 그리스도 중심의 교회력을 배경으로 하는 성경일과이기에 '복음적'이다.
(3) 본문이 정해져 있기 때문에 설교 자료를 체계적으로 준비할 수 있다.

그러나 공동 성경일과를 따라서 설교하는 것에는 다른 문제점도 있다.

(1) 공동 성경일과와 그 자료에 얽매여 설교자의 창조적 영성이 제한을 받는다.
(2) 구약, 복음서, 서신서의 본문을 조화하는 것이 때로 인위적으로 보인다.
(3) 성도들에게는 선별 성경일과가 연속성의 성경일과보다 괴리감을 느끼게 한다.

설교의 본문은 설교자가 연속 성경일과와 선별 성경일과가 내포하고 있는 중요한 본문 선택의 정신을 정확히 이해한 상태에서 선택되어야 한다. 연속이든 선별이든 성경일과를 구성하게 된 해석학적 동기를 숙지하고 본문을 선택할 때, 보다 합리적인 성경해석의 과정을 밝아갈 수 있다. 만일 설교자가 이러한 정신을 이해하지 못하고 본문을 선택한다면, 그것은 기계적인 설교자의 작업이 되고 말 것이다. 그 설교자는 구체적인 해석학적 방법을 결여하게 되고, 결국 주먹구구식의 성경해석에서 탈피하지 못할 가능성이 크다.

이렇듯 설교에서 성경 본문의 선택은 단순히 연속이냐 선별이냐의 문제가 아니라, 해석학적 관점을 갖고 성경과 회중의 삶의 관계 속에서 무엇을 더 우선적으로 설정하는가에 따라 달라진다. 따라서 설교자가 이러한 각각의 성경일과가 가지고 있는 해석학적 전제를 이해하고 본문을 선택할 때에 설교자는 적절한 해석학적 과정을 통해서 본문을 해석하며, 설교의 메시지를 정리하여 회중에게 전달할 수 있다.

2. 성경해석: 주석과 묵상

1) 주석과 묵상의 조화: 석의(釋義)–원리(原理)–적용(適用)

1단계: '몸' 조사–주석 작업

설교자는 먼저 성경의 텍스트를 '몸'으로서 인식해 철저히 조사하고 분석해야 한다. 여기에는 역사적 · 문학적 · 문법적 방법이 동원된다. 이것을 설교자의 주석 혹은 석의(exegesis) 작업이라고 한다. 성경 본문을 선택한 후 설교자는 바로 이 주석 작업에 충실하게 임해야 한다. 성실한 설교자는 성경의 '몸'과 주석적 씨름을 게을리 하지 않는다. 설교의 일차적 승패가 여기에 달려 있기 때문이다.

주석 작업은 그 본문이 쓰일 당시 지시했던 일차적 의미를 찾는 것이다. 보다 구체적인 방법은 본문이 쓰일 당시의 문자적, 문맥적, 역사적, 상징적 의미를 순차적으로 찾아가는 것이다. 이것을 위해서 설교자는 우선적으로 본문 비교, 원어 사전 등의 도움을 받으면서 본문의 문자적 의미가 분명해질 때까지 본문 자체를 정독해야 한다. 문자적 의미란 사전적 의미에서 시작해야 하지만, 궁극적으로는 문맥적 상황 속에서 본문의 문구나 문장이 말하고자 하는 것이다. 그 다음, 본문이 쓰일 당시의 역사적 상황을 점검하면서 문자적 의미를 역사적 정황에 맞추어 보다 구체화시켜야 한다. 그 다음, 혹시 본문 자체가 상징적 언어로 진술되어 있다면, 본문이 쓰일 당시 그 문자들이 상징했던 '일차적 상징'까지 분석해 내야 한다.

주석 작업에서 참고해야 하는 것은 주석의 역사이다. 지나간 교회의 역사 속에서 공인될 만한 설교자들의 성경해석을 참고하는 작업이다. 설교자들에게 현대 성경학자들의 작업보다 중요한 것이 바로 설교의 역사에서 정리된 해석들이다. 왜냐하면 현대 성경학자들은 대부분 교회 공동체와 공동체의 예전을 전제로 주석을 하지 않기 때문이다. 신앙 공동체의 현장에서 성경과 씨름했던 설교자들의 자료가 신앙 공동체의 삶에 실질적 관련이 적은 학자들의 자료보다 설교자들에게는 더 가치가 있다. 따라서 설교자는 지나간 설교자들이 본문을 어떻게 이해하고 설교했는지 그들의 설교집과 주석서를 통해서 점검하는 것이 필요하다. 다양한 설교자들의 주석들 중에서 통일되어 있는 점과 주석 상의 차이점을 비교함으로써 오늘의 신앙 공동체에 주시는 하나님의 뜻을 확신 가운데 보다 논리적으로 정리할 수 있다. 또 이러한 과정을 거치면서 설교자는 극단적인 주석을 피할 수 있다.

설교자의 주석 작업의 궁극적인 목적은 하나의 분명한 신앙 원리를 찾아내는 것이다. 주석의 목적이 본문의 모든 문자의 뜻을 기계적으로 이해하는 것이라면 이는 오류이다. 설교자에게 주석은 주어진 본문으로부터 분명한 하나의 원리를 발견해 가는 과정이다. 설교의 주제를 찾는 작업, 다른 말로 하면 주석을 통해 본문에서 중심적인 신앙 원리를 발견하는 것이다. 성경연구에서는 선택된 본문에서 여러 가지 주제를 단편적으로 정리하는 것이 가능하겠지만, 설교자의 성경 주석은 주어진 본문을 꿰뚫고 있는 하나의 분명한 영적 원리를 찾아내는 것에 있다. 일반적으로 주어진 본문을 주석한 결과는 동일한 원리의 발견으로 이어진다. 하지만 설교자에 따라서 중심적인 원리를 다르게 찾아낼 가능성도 있다.

2단계: 원리 진술

주석 작업은 성경해석의 두 번째 단계인 원리 진술의 단계로 자연스럽게 이어진다. 원리 진술은 본문 주석의 결과물이다. 본문을 문자적, 문학적, 문맥적, 역사적으로 이해한 결과, 본문은 바로 '이것을' 말하고 있다고 명료하게 정리하는 것이 원리 진술이다. 다시 말해, 본문이 경전으로서 신자의 신앙과 삶에 관련하여 제시하고 있는 원리를 논리정연하게 설명하는 것이다. 따라서 원리 진술은 간결하고 분명하게 제시되어야 한다. 설교자는 이 단계에서 본문의 일차적인 의미를 종합적으로 정리하여 하나의 분명한 원리 문장으로 진술한다.

원리 진술에서 설교자는 지나치게 부수적인 원리들에 매달리지 말아야 한다. 본문 전체의 중심 사상을 먼저 세우고, 부수적인 것들은 가능한 중심 사상을 수식하는 것으로 배열할 수 있어야 한다. 이렇게 함으로써 주어진 본문은 하나의 문학적인 사상적 단위로 간주된다.

원리는 '몸'과 '뜻'을 연결해 주는 고리('-')가 된다. 설교자는 주석 작업을 통해서 얻어진 결론을 온전한 문장으로 진술해 낸다. 이것은 주석의 결과이면서 동시에 묵상의 시작이기도 하다. 성경의 텍스트인 '몸'은 원리의 진술을 통해서 그 일차적 의미가 정리되고 구체화된다. 이제 이 원리는 설교의 주제로 등장하게 되고, 설교자는 이 구체적으로 진술된 원리를 마음에 품고 의미의 세계인 '뜻'의 영역을 향해 항해하게 된다.

3단계: '뜻' 찾기—적용 작업

원리 진술을 만족스럽게 완성한 설교자는 다음 단계로, 설교를 듣게 될 공동체와 신자 개인의 삶에서 그 원리가 어떻게 적용될 것인지를 깨닫기 위해 깊은 묵상에 들어가야 한다. '몸'을 조사하는 주석 작업과 원리 진술이 이성적이며 논리적인 작업이라면, 그 '몸'이 오늘의 신앙 공동체와 신자들에게 무엇을 '뜻'하는가를 찾는 묵상의 작업은 감성적이며 영성적인 작업이다. '몸' 조사의 단계에서 결정된 원리는 '뜻' 찾기의 단계에서 '몸'의 위치에 놓이게 된다. 설교자는 원리라는 '몸'을 붙잡고 묵상의 작업에 들어가는 것이다. 주석 작업에서 설교자가 문자를 붙잡고 사상적으로 씨름했다면, 이제 묵상 작업에서 설교자는 발견된 말씀의 원리를 가슴에 품고 영성적 침묵과 기도의 시간으로 자신의 영혼을 끌고 들어가야 한다.

주석에 충실한 설교자들 가운데 묵상에 성공하지 못하는 경우가 있다. 본문이 쓰인 당시의 문자적·역사적 의미는 찾았지만, 그것을 과거의 원리가 아니라 오늘의 신앙인들에게 실존적으로 살아 있는 신앙의 원리로서 적용시켜 주지 못했기 때문이다. 설교의 주목적은 현재적·실존론적 하나님의 계시를 선포하는 것이지, 본문의 문자적·역사적 의미를 찾아 주는 데 머무는 것은 아니다. 문자적·역사적 의미를 찾아 주는 것이 성경학자의 역할이라면, 오늘 여기에 사는 하나님의 자녀들에게 주시는 하나님의 뜻을 전하는 것이 설교자의 역할이다.

적용 작업에서 주의할 점 하나는 설교자의 개인적인 판단만으로 적용을 시도하지 말고, 성령의 인도하심을 구하는 자세가 절실하게 요구된다는 것이다. 모든 인간이 선입관을 가지고 있기에 빈번하게도 설교자의 개인적인 회중에 대한 판단은 올바르지 못한 경우가 많다. 적용은 회중의 필요를 채우는 것이며, 회중에게 위로가 필요한지 혹은 책망이 필요한지를 결정하는 것은 매우 예민한 일이다. 때로 회중석에서 설교를 듣는 신자들 자신도 정말 자신에게 필요한 적용이 무엇인지 분별하지 못하는 경우도 있다. 따라서 본문을 통해 얻어진 신앙의 원리가 어떠한 각도에서 설교를 듣는 신자들에게 적용되어야 하는지 깨닫기 위해 설교자는 개인적인 편견과 감정을 내려놓아야 한다. 그리고 자신의 마음에 설교를 듣게 될 하나님의 백성과 본문에서 발견된 원리를 함께 넣고, 깊은 영적 묵상에 들어가 하나님의 뜻을 구하여야 한다.

묵상 작업이 실패하는 요인 중 다른 하나는 충실한 주석 작업이 없이 묵상에 들어가기 때문이다. 이런 경우 원리 진술은 합리적이지 못하고 설득력을 얻지 못한다. 논리적인 원리 진술이 성공하지 못하면 묵상 작업은 공허하게 된다. '몸'이 부실하면 '뜻'도 부실하게 되기 때문이다. 따라서 묵상 작업은 충실한 주석 작업이 마무리된 후에 시작해야 한다.

사실 주석 작업보다 어려울 수 있는 것이 묵상이다. 주석이 시간의 싸움이라면, 묵상은 집중과 영성의 문제이다. 주석은 시간을 투자하면 가능할 수 있지만, 묵상은 지금 상황에 딱 맞게 떨어질 때가 언제 올지 알 수 없기 때문이다. 설교자는 목회적 심정과 성령의 도우심 가운데 깊은 묵상의 작업을 통해서 텍스트의 현재적 의미를 찾아내고, 그것을 아주 적절하게 회중의 구체적인 삶에 적용시킬 수 있어야 한다.

2) 적용의 내용과 표현법

신앙과 삶의 원리를 '오늘의' 나의, 우리의, 교회의, 민족의, 세계의 현실에 적용하는 것이 적용이라면, 적용의 내용은 구체적으로 다음과 같이 정리될 수 있다. (1) 다짐과 권유, (2) 위로와 축복, (3) 책망과 심판. 또한 설교자는 위의 내용을 다음과 같은 두 종류의 문장으로 표현할 수 있다. (1) 권면, (2) 선포.

적용의 내용

(1) 다짐과 권유: (본문에서 ~가 ~한 것처럼) 여러분도 ~해야[하지 말아야] 합니다.

(2) 위로와 축복: (본문에서 ~를 사랑[인도, 축복]하신) 하나님은 여러분을 사랑[인도, 축복]하십니다.

(3) 책망과 심판: (본문에서 ~가 하나님의 심판[책망]을 받은 것처럼) 여러분도 ~하면[하지 않으면, 했기 때문에, 하지 않았기 때문에] 하나님의 심판[책망]을 받을 것입니다.

적용의 표현법

(1) 권면: 여러분 ~하기[하지 말기] 바랍니다. ~하[하지 마]십시오.

(2) 선포: 하나님께서 여러분에게 ~하시기를 축복합니다. 여러분은 ~하게[받게] 될 것입니다.

3. 성경 본문 중심의 설교 작성법

1) 성경의 본문과 설교의 주제

전통적으로 설교는 주제 설교, 본문 설교, 강해 설교로 분류된다. 최근에 와서 이야기 설교, 상담 설교, 귀납적 설교 등의 새로운 설교 방법론이 소개되고 실천되고 있지만, 최근의 방법론들이 설교에서 이야기, 상담, 귀납적 구조 등의 요소를 강조했다는 의미를 가지고 있음에도 불구하고, 설교의 대표적인 작성법으로 인정되기는 어렵다. 설교는 기독교의 경전인 성경을 해석하는 과정이며, 따라서 설교의 대분류는 성경의 본문과 설교 주제 사이의 관계성을 중심으로 실시되어야 한다. 설교를 주제, 본문, 강해로 분류하는 것은 이 셋이 성경과 설교 사이의 관계 설정의 차이가 분명하게 드러나기 때문이다.

성경의 본문과 설교의 주제의 관계성은 '몸-뜻'의 구조로 형성될 때 해석학적 안정성을 갖는다. 성경의 본문을 '몸'으로 설정하고 설교자의 주석과 묵상 작업의 과정을 통해서 '뜻'이 찾아지게 될 때에 논리적이며 동시에 감성적인 구조를 갖게 된다. 이러한 역사-신비의 조화를 추구하는 '몸-뜻'의 설교 구조는 문화적 표용성을 발휘하여 사상적, 경제적, 지역적 차이를 극복하게 한다.

예배에서 선포되는 모든 설교는 성경적 설교여야 한다. 예전학적으로 볼 때 설교 시간은 경전 해석의 시간이기 때문이다. 다시 말해서 성경의 본문을 충실하게 주석하지 않은 설교는 사람들에게 아름답고 능력 있는 것으로 인정받는다 하더라도 예전학적으로는 적절치 않은 설교이다. 설교란 '설교자의 권위'가 아니라 '성경의 권위' 아래서 실행됨을 전제하기 때문이다.

주제 설교는 예전적이거나 교리적인 상황으로 인해 설교의 주제가 이미 설교자에게 주어져 있거나 결정되어 있는 경우에 실행하는 설교 방법론이다. 이 경우 설교자는 가능한 분명하고 구체적인 설교의 주제를 가지고 있어야 한다. 주제가 결정된 후에 설교자는 설교문을 기술하기에 앞서 그 주제와 관련된 성경의 구절들을 체계적으로 조사하여야 한다. 주제와 관련된 성구를 찾은 후에는 결정적으로 설교의 본문이 될 만한 성구를 필요한 만큼 선정한다. 이렇게 하여 선택된 성구들을 '몸-뜻' 해석학의 방법에 따라 주석하며, 원리를 진술하고, 적용을 시도한다.

강해 설교는 연속적으로 성경의 본문을 설교해 나가는 방법이다. 따라서 강해 설교에서는 설교자에게 주제가 먼저 주어지는 것이 아니라, 연속 성경일과의 원칙에 따라 본문이 먼저 주어진다. 설교자는 이미 결정되어 있는 본문을 '몸-뜻' 해석학의 원칙에 따서 주석-원리-적용의 과정을 거쳐서 설교문을 작성한다.

본문 설교는 본문이 먼저 주어지고 본문에서부터 설교의 주제를 발전시킨다는 점에서 강해 설교의 범주에 포함시킬 수 있다. 일반적으로 본문 설교는 강해 설교에 비해서 짧은 본문(1-3절 정도)을 갖고 설교하며, 강해 설교가 연속적으로 성경의 본문을 설교해 나간다면, 본문 설교는 반드시 연속적일 필요는 없다.

주제 설교나 강해 설교나 본문 설교 모두 성경을 충실하게 주석하여 성경에서 신앙의 원리를 찾고 그것을 오늘의 회중의 삶에 적용한다는 점에서 동일한 '몸-뜻' 해석학의 원리를 실천한다. 주석-원리-적용의 해석학적 구조는 위의 세 가지 설교 방법론에서 모두 지켜져야 한다. 따라서 주제를 선포하지만 성경을 주석하지 않는 주제 설교나, 성경 본문을 주석하지만 분명한 하나의 주제가 드러나지 않는 강해 설교는 실패한 것으로 간주되어야 한다. 이뿐 아니라 주제 설교이든, 강해 설교이든, 진술되는 주제(원리)에 대한 적용이 충실하게 시도되지 않았다면, 이것도 온전하지 않은 설교로 지적되어야 한다.

주제 설교와 강해 설교 사이에 차이가 있다면, 주제 설교는 예전적 · 목회적 상황에 의하여 설교의 주제가 이미 결정되어 있다는 것이다. 강해 설교는 주제에 대한 선입관 없이 본문에서부터 설교의 주제를 도출해 낸다는 점이 장점이지만, 때로 성경 본문과 설교 주제가 예전적 상황과 맞지 않는 경우도 발생할 수 있다.

2) 설교 작성의 단계

설교문은 독립적인 기독교 문학의 한 장르이다. 설교문은 간증문이나 신앙수필과 다르며, 신학적 논문과도 다른 독특한 장르이다. 설교는 하나님의 계시를 공동체의 예전에서 선포하는 것이며, 설교문은 선포될 하나님의 말씀을 권면과 선포의 형식으로 문서화해 놓은 것이다.

설교는 소주제를 따라 3-5장으로 구성하는 것이 적절하며, 각 장은 선택된 본문을 작은 단위로 나누어 한 단위씩 주석-원리-적용을 시도함으로 쓰여진다. 주석, 원리, 적용은 독립된 문단으로 구성해야 하며, 때에 따라 원리는 주석 문단의 마지막에 포함될 수도 있다. 각 장은 주어진 성경 본문의 분량에 따라 주석-원리-적용의 구조가 필요한 만큼 반복적으로 나타난다.

예화는 주제 인식에 크게 도움이 되지만, 예화가 지나치게 많은 설교는 주제 설교나 강해 설교로 분류되지 않고 예화 설교로 분류되기도 한다. 왜냐하면 예화가 많아질수록 주석 작업이 소홀해질 가능성이 커지며, 그럴 경우에 경전으로서의 성경의 가치가 충분하게 드러나지 못하는 위험이 있기 때문이다. 30분 이내의 설교에서 3개 이상의 예화를 사용하거나 한 예화에 10분 이상을 할애했다면, 그것은 성경적 설교가 아니라 예화 설교이다.

설교문을 작성할 때에 자신이 쓰고 있는 문단의 종류에 따라 글씨 모양을 달리하는 것도 도움이 된다. 이것은 설교가 하나의 독특한 문학 장르임을 드러내는 방법이다. 이렇게 설교문을 작성하면, 그 설교문으로 실제 설교를 시도할 때에, 자신이 지금 설교하는 부분이 어떤 종류의 문단(본문 낭

독, 주석, 원리, 적용, 예화)인지 쉽게 파악알 수 있다. 문단의 글씨 모양으로 문단의 성격을 미리 분별하면, 그것에 따라 설교를 전달할 때에 목소리나 감정의 변화를 적절하게 시도할 수 있다.

설교의 서론은 회중을 설교에 집중하게 하는 역할을 하고, 설교의 결론은 메시지의 핵심을 분명하게 각인시켜 주는 역할을 맡는다. 설교의 서론은 따로 작성하지 않고 설교의 첫 장으로 대치할 수 있으며, 설교의 결론도 따로 작성하지 않고 설교의 마지막 장으로 대신할 수 있다. 이렇게 함으로써 설교의 흐름을 자연스럽게 만들어 줄 수 있다. 서론과 결론이 지나치게 형식화될 경우 설교의 감동이 떨어질 수 있다.

설교를 작성한 후에 마지막으로 설교자는 몇 가지 관점에서 자신이 작성한 설교문을 점검해 본다. 먼저 각 장이 충실하게 구성되어 있으며, 설교의 주제와 통일성을 유지하고 있는지, 그리고 장과 장 사이가 논리적으로 연결되어 있는지를 점검하고 보완한다. 설교의 전체 분위기가 교회의 목회적·예전적 상황에 부합하는지도 점검한다. 마지막으로, 특별히 성찬식이 없는 예배일 경우, 설교에서 예수 그리스도의 복음이 충분히 증거되고 있는지 점검하고 보완한다. 말씀과 성례전을 통해서 예수 그리스도의 복음이 선포되지 않는 예배는 기독교 예배의 정당성을 갖지 못한다.

주제 설교 작성법

(1) 주제 문장 확정하기

(2) 성경에서 주제에 관한 성구들 찾기

(3) 주제 전개를 위한 설교 구조 세우기: 장 나눔(4개 전후의 소주제) 설정

(4) 각 장의 소주제에 맞는 성구들을 중심으로 각 장 작성

   ① 주석-원리-적용의 반복

   ② 예화 배열: 설교의 주제가 배여 있는 예화를 선정하고 필요한 곳에

배열

③ 본문, 주석, 원리, 적용, 예화 문단의 구별

(5) 점검

① 각 장의 완성도

② 각 장과 주제의 통일성

③ 각 장과 장의 연결

④ 예전적 일치

⑤ 복음의 선포

강해 설교 작성법

(1) 성경 본문 선택 및 정독과 연구

(2) 주제 문장 확정하기

(3) 주제 전개를 위한 설교 구조 세우기: 본문 나누기(장 나눔) 및 4개 전후의 소주제 설정

(4) 각 장의 소주제에 맞는 성구들을 중심으로 각 장 작성

① 주석-원리-적용의 반복

② 예화 배열: 설교의 주제가 배어 있는 예화를 선정하고 필요한 곳에 배열

③ 본문, 주석, 원리, 적용, 예화 문단의 구별

(5) 점검

① 각 장의 완성도

② 각 장과 주제의 통일성

③ 각 장과 장의 연결

④ 예전적 일치

⑤ 복음의 선포

3) 주제 및 강해 설교 작성표

지금까지의 설교 작성법을 기초로 하여 설교 작성표를 만들면 아래와 같다. 만일 설교문을 요약 형식으로 작성할 경우 아래의 표를 사용하면 효과적이다. 주제 설교문과 강해 설교문 모두 구별 없이 이 표를 따를 수 있다. 특별히 이 형식을 따라 주제 설교문을 작성할 때 성경적 설교에서 벗어나지 않게 된다. 다음의 표는 설교를 3장으로 구성하고, 각 장은 3개의 성구 기초 단위를 석의-원리-적용으로 해석한 것을 전제로 하였다. 물론 설교자는 그 이상의 장으로 설교를 구성하고 각 장에서 더 많은 성구를 사용할 수 있을 것이다.

본문			제목	
주제 문장				
서론				
1장	소제목			
	석의1			
	원리1			
	적용1			
	석의2			
	원리2			
	적용2			
	석의3			
	원리3			
	적용3			
	예화			
2장	소제목			
	석의1			
	원리1			
	적용1			
	석의2			
	원리2			
	적용2			
	석의3			
	원리3			
	적용3			
	예화			
3장	소제목			
	석의1			
	원리1			
	적용1			
	석의2			
	원리2			
	적용2			
	석의3			
	원리3			
	적용3			
	예화			
결론				

신원하시는 하나님
이사야 37:21-29

아모스의 아들 이사야가 보내어 히스기야에게 이르되 이스라엘의 하나님 여호와께서 말씀하시되 네가 앗수르 왕 산헤립의 일로 내게 기도하였도다 하시고 여호와께서 그에 대하여 이같이 이르시되 처녀 딸 시온이 너를 멸시하며 조소하였고 딸 예루살렘이 너를 향하여 머리를 흔들었느니라 네가 훼방하며 능욕한 것은 누구에게냐 네가 소리를 높이며 눈을 높이 들어 향한 것은 누구에게냐 곧 이스라엘의 거룩한 자에게니라 네가 네 종으로 주를 훼방하여 이르기를 내가 나의 허다한 병거를 거느리고 산들의 꼭대기에 올라가며 레바논의 깊은 곳에 이르렀으니 높은 백향목과 아름다운 향나무를 베고 또 그 한계되는 높은 곳에 들어가며 살진 땅의 수풀에 이를 것이며 내가 우물을 파서 물을 마셨으니 나의 발바닥으로 애굽의 모든 하수를 밟아 말리리라 하였도다 네가 어찌 듣지 못하였겠느냐 이 일들은 내가 태초부터 행한 바요 상고부터 정한 바로서 이제 내가 이루어 너로 견고한 성을 헐어 돌무더기가 되게 하였노라 그러므로 그 거민들이 힘이 약하여 놀라며 수치를 당하여 들의 풀 같이, 푸른 나물 같이, 지붕의 풀 같이, 자라지 못한 곡초 같았었느니라 네 거처와 네 출입과 나를 거스려 분노함을 내가 아노라 네가 나를 거스려 분노함과 네 오만함이 내 귀에 들렸으므로 내가 갈고리로 네 코를 꿰며 자갈을 네 입에 먹여 너를 오던 길로 돌아가게 하리라 하셨나이다

1) 기도를 들으신 하나님(21절)

앗시리아의 위협을 앞에 두고 히스기야 왕은 성전에서 하나님께 기도하며 하나님의 신원하심을 간구하였습니다. 그는 앗시리아 왕 산헤립의 편지를 제단 앞에 펼쳐 놓고 하나님께 전심을 다해 호소하였습니다.

> **여호와여 귀를 기울여 들으시옵소서 여호와여 눈을 떠 보시옵소서**
> **산헤립이 사자로 사시는 하나님을 훼방한 모든 말을 들으시옵소서**
> **(37:17)**

히스기야 왕의 기도에 대하여 이제 하나님은 선지자 이사야를 통해 응답하십니다. 그리고 이사야는 사람을 히스기야에게 보내어 하나님의 응답을 전달합니다.

> **아모스의 아들 이사야가 보내어 히스기야에게 이르되 이스라엘의 하**
> **나님 여호와께서 말씀하시되 네가 앗수르 왕 산헤립의 일로 내게 기**
> **도하였도다 하시고(37:21)**

> **아모스의 아들 이사야가 히스기야에게 기별하여 가로되 이스라엘 하**
> **나님 여호와의 말씀이 네가 앗수르 왕 산헤립 까닭에 내게 기도하는**
> **것을 내가 들었노라 하셨나이다(왕하 19:20)**

이사야를 통해 전달된 메시지의 첫 번째 내용은 하나님께서 히스기야의 기도를 들으셨다는 것입니다. 이사야 37:21에는 **"네가 앗수르 왕 산헤립의 일로 내게 기도하였도다"** 라고 되어 있는데, 열왕기하 19:20에는 **"네가 앗수**

르 왕 산헤립 까닭에 내게 기도하는 것을 내가 들었노라"고 하면서 하나님께서 그의 기도에 관심을 갖고 응답하셨음을 보다 구체적으로 말하고 있습니다.

하나님은 자기 백성을 신원(伸寃)하십니다. 자기 백성을 신원한다는 것은 자기 백성의 원통함을 풀어 주신다는 뜻입니다. 하나님 나라를 위해서 핍박당하는 것과 필요 이상으로 고통당하는 것을 갚아 주시는 하나님이십니다.

여러분의 호소에 하나님께서 귀를 기울이고 신원해 주신다는 것을 믿으시기 바랍니다. 여러분이 당하는 고통에 대해서 하나님께서 선한 것으로 배나 갚아 주시기를 축복합니다.

> 너희가 수치 대신에 배나 얻으며 능욕 대신에 분깃을 인하여 즐거워할 것이라 그리하여 고토에서 배나 얻고 영영한 기쁨이 있으리라
> (사 61:7)

물질로 인해 수치를 당했으면, 배의 물질로 갚아 주실 것입니다. 명예가 크게 손상되었다면 최상의 명예를 다시 허락하실 것입니다. 건강을 잃어버렸다면 다시 건강을 회복케 하시고 장수하도록 복을 주실 것입니다. 시간을 빼앗겼다면 단시일 내에 본래의 목표를 초과하는 결과를 낳게 하실 것입니다. 하나님이 하나님 나라를 위해 희생한 것과 여러분이 담당해야 할 것 이상의 고난에 대해 반드시 신원해 주실 것입니다.

2) 시온의 역전(22절)

하나님은 자기 백성의 원한이 어떻게 풀어질 것인가를 이사야를 통해 말씀하십니다. 앗시리아의 왕과 그 신하가 하나님과 하나님의 백성 유다를 멸시하고 조롱하였던 것처럼, 유다가 앗시리아를 멸시하고 조롱하게 될 것입니다.

> **여호와께서 그에 대하여 이같이 이르시되 처녀 딸 시온이 너를 멸시하며 조소하였고 딸 예루살렘이 너를 향하여 머리를 흔들었느니라**
> (37:22)

앗시리아의 장수가 유다의 시온 성 앞에서 큰 소리로 히스기야 왕과 그가 신뢰하는 여호와 하나님을 조롱하였지만, 이제 유다 백성은 패망하여 도망하는 앗시리아의 왕과 군대를 바라보면서 그들을 조롱하고 멸시하게 될 것이라는 것입니다.

하나님을 신뢰하고 기도하는 자에게 하나님은 역전 드라마를 예비해 놓으십니다. 온갖 멸시와 조롱을 받는 가운데도 하나님과 사람을 원망하지 않고 자신의 죄를 깨닫고 겸손히 하나님의 신원하심을 기다리는 자에게 하나님은 역전 드라마를 펼쳐 주십니다.

여러분의 생애에 하나님께서 신원의 역전 드라마를 펼치실 것을 선포합니다. 여러분을 부끄럽게 한 사람들이 여러분 앞에서 부끄러움을 당하게 될 것입니다. 여러분을 밟았던 자들이 여러분 앞에 엎드리게 될 것입니다. 여러분을 내쫓았던 자들이 여러분 집의 문을 두드리며 구걸하게 될 것입니다. 여러분 모두가 하나님께서 펼치시는 역전 드라마의 주역이 되기를 축복합니다.

3) 교만한 앗시리아(23-28절)

하나님께서 히스기야와 유다 백성을 신원하시는 이유는 히스기야와 그의 백성이 절대로 의로워서가 아닙니다. 하나님 앞에서 자기 의를 자랑할 수 있는 존재는 아무도 없습니다. 아하스 왕의 죄악보다는 경할지는 모르지만, 히스기야도 하나님 앞에 부끄러운 사람이었습니다. 자기의 온전함으로 하나님의 신원하심을 얻게 되는 것은 아니었습니다.

하나님께서 앗시리아를 심판하시며 유다 백성을 신원하시는 이유는 앗시리아의 교만과 훼방 때문이었습니다. 앗시리아는 자신의 군사력을 자랑하며 주변의 여러 나라를 정복하고 심지어 하나님의 백성 유다까지 공격하였습니다. 그리고 산헤립 왕과 그의 신하 랍사게는 하나님의 백성에게 수치심을 주고 하나님의 이름을 모독하였습니다. 이것이 하나님께서 앗시리아를 심판하신 이유입니다.

> **네가 훼방하며 능욕한 것은 누구에게냐 네가 소리를 높이며 눈을 높이 들어 향한 것은 누구에게냐 곧 이스라엘의 거룩한 자에게니라**
>
> (37:23)

하나님은 산헤립이 랍사게를 시켜 한 모든 말이 하나님을 모욕한 것임을 분명히 밝히고 있습니다. **"네가 네 종으로 주를 훼방하여 이르기를"**(24절 전). 앗시리아의 산헤립 왕은 여러 나라를 공격하면서 높은 산지에 있는 나라도 정복하였고, 깊은 숲속에 숨겨진 요새도 함락시켰습니다(24절 후). 더 나아가 앞으로 이집트의 모든 강도 정복할 것임을 호언장담하고 있었습니다(25절). 그리고 이러한 자기의 경험을 바탕으로 히스기야 왕이 신뢰하는 여호와가 누군데 자신의 군사력을 막을 수 있겠느냐고 큰소리치며 하나님을 모독했습니다.

> 네가 네 종으로 주를 훼방하여 이르기를 내가 나의 허다한 병거를 거
> 느리고 산들의 꼭대기에 올라가며 레바논의 깊은 곳에 이르렀으니
> 높은 백향목과 아름다운 향나무를 베고 또 그 한계되는 높은 곳에 들
> 어가며 살진 땅의 수풀에 이를 것이며 내가 우물을 파서 물을 마셨
> 으니 나의 발바닥으로 애굽의 모든 하수를 밟아 말리리라 하였도다
> (37:24-25)

하나님 앞에 가장 큰 범죄는 하나님을 모욕하고 조롱하는 것입니다. 사
람은 힘들고 지칠 때 하나님을 원망하게 됩니다. 그러나 권력과 물질로 부
유하게 되면 하나님 앞에 교만해집니다. 그리고 하나님이 어디 있는가라고
선언하며, 하나님을 믿는 자들을 조롱하게 됩니다.

여러분에게 힘이 생기고 물질이 생겼을 때에 하나님 앞에 교만해지지 않기
를 기도하기 바랍니다. 그것은 가장 큰 불행입니다. 하나님의 복 주심이 하나
님을 모욕하는 것이 되지 말아야 합니다. 여러분이 배부르게 되었을 때에 오
히려 하나님 앞에 무릎을 꿇고 여러분보다 연약한 자들을 부지런히 돌아보는
여러분 되기를 축복합니다.

앗시리아의 군사력과 앗시리아의 침략과 전쟁은 사실 모두 하나님의 계
획이었습니다. 하나님은 앗시리아를 통하여 유다를 포함한 주변의 여러 나
라를 심판하시고 낮아지게 하시는 것입니다. 이 모든 것이 사실 하나님의
계획이고 실행하심이었지만, 앗시리아의 왕들은 그것을 자신들의 계획과
능력으로 착각하였던 것입니다.

네가 어찌 듣지 못하였겠느냐 이 일들은 내가 태초부터 행한 바요 상고부터 정한 바로서 이제 내가 이루어 너로 견고한 성을 헐어 돌무더기가 되게 하였노라(37:26)

앗시리아가 공격하고 점령한 모든 일은 하나님께서 이미 **"태초부터 행한 바요 상고부터 정한 바로서"** 하나님은 앗시리아를 통해서 견고한 나라들을 허물어뜨리신 것입니다. 따라서 하나님의 심판의 도구로 사용된 앗시리아의 군대 앞에서 모든 나라들은 **"놀라며 수치를 당하여 풀 같이"** 쓰러졌던 것입니다.

그러므로 그 거민들이 힘이 약하여 놀라며 수치를 당하여 들의 풀 같이, 푸른 나물 같이, 지붕의 풀 같이, 자라지 못한 곡초 같았었느니라 (37:27)

사실 하나님은 모든 것을 알고 계십니다. 그가 살고 있는 곳의 모든 것과 그가 출입하는 모든 내용과 그리고 그의 심중에 있는 하나님을 대적하려는 의도까지 하나님은 빠짐없이 점검하고 계십니다.

네 거처와 네 출입과 나를 거스려 분노함을 내가 아노라(사 37:28)

(현대인의 성경)
나는 너에 관한 모든 일과 네가 무엇을 하고 어디에 가는지 다 알고 있으며 네가 나에 대해서 얼마나 악한 말을 했다는 것도 잘 알고 있다.

하나님의 눈을 피할 사람은 아무도 없습니다. 하나님은 우리의 사는 것과 행하는 것뿐만 아니라 우리의 마음의 의도도 정확하게 파악하십니다. 그 마음에 하나님을 **"거스려 분노함"**이 있는 자들은 하나님께서 반드시 심판하십니다.

여러분, 여러분의 사는 것과 행하는 것을 하나님이 점검하고 있다는 사실을 기억하십시오. 하나님 눈앞에서 살아가십시오. 하나님의 뜻에 벗어난 것들에 대해서 항상 회개하고, 돌이켜 하나님께서 인도하시는 길로만 매일매일 걸어가기를 바랍니다. 그러나 무엇보다도 혹시 여러분에게 하나님을 거역하려는 마음이나, 원망을 넘어서 하나님께 분을 품고 있는 마음이 느껴진다면, 속히 회개하고 그 마음을 돌이키십시오. 하나님은 하나님을 거역하고 하나님에 대해 분해하는 자를 심판하시기 때문입니다.

4) 하나님의 심판(29절)

하나님은 이사야를 통해서 히스기야 왕이 산헤립을 고발한 내용을 하나님께서 받아들였다는 점을 밝혀 주십니다. 히스기야는 성전에서 산헤립의 편지를 펼쳐 놓고 **"여호와여 귀를 기울여 들으시옵소서 여호와여 눈을 떠 보시옵소서 산헤립이 사자로 사시는 하나님을 훼방한 모든 말을 들으시옵소서(37:17)"**라고 기도했습니다. 이제 하나님은 '네가 고발하는 것을 내가 다 들었다. 산헤립의 교만한 말을 내가 다 들었다'고 응답하십니다.

네가 나를 거스려 분노함과 네 오만함이 내 귀에 들렸으므로(37:29 전)

이제 남은 것은 산헤립과 앗시리아에 대한 하나님의 심판입니다. 하나님께서는 산혜립의 말에 합당한 것으로 앗시리아를 심판하실 것을 말씀하십니다.

> **내가 갈고리로 네 코를 꿰며 자갈을 네 입에 먹여 너를 오던 길로 돌아가게 하리라 하셨나이다**(37:29 후)

하나님께서 산혜립의 코에 갈고리를 꿰어 그의 군대를 예루살렘에서 강제로 끌어내어 철수하게 하실 것임을 밝히십니다. 또한 그의 입에 자갈을 물려 그가 더 이상 아무 말도 하지 못하게 하실 것임을 말씀하십니다. 더는 하나님을 모독하고 하나님의 백성을 모욕하는 말을 하지 못하게 아예 그의 입을 막아 버리신다는 것입니다.

하나님은 결국 하나님을 대적하여 교만하고 다른 사람들에게 고통을 주는 권력을 혹독하게 심판하십니다. 세상의 권력도 하나님의 도구로 사용되지만, 하나님을 대적하는 권력의 최후는 하나님의 혹독한 심판입니다.

먼저 우리나라의 권력자들이 하나님의 도구로 사용되고 있다는 사실을 기억하시기 바랍니다. 그러나 겸손하지 않으며 하나님을 거역하는 권력은 하나님께서 심판하신다는 사실을 선포합시다. 세계의 강대국의 권세자들이 하나님의 도구로 사용되기를 기도합시다. 그리고 권력의 정상에 있는 자들이 하나님 앞에 겸손하지 않으며, 도구로 사용된 후에 심판의 대상이 된다는 점도 기억하기 바랍니다.

여러분 자신도 하나님 눈에 거만하게 보이지 않기를 힘쓰기 바랍니다. 배고플 때 하나님을 찾고, 배부르면 하나님을 거역하는 자가 되지 마십시오. 하나님의 심판의 대상에 포함될 수 있습니다. 항상 하나님 앞에 겸손히 행하며,

고통당하는 자들을 하나님이 신원해 주시기를 기도하는 여러분이 되기를 바랍니다. 하나님의 은혜와 신원하심이 여러분과 여러분의 가정에, 그리고 이 나라 이 민족 위에, 그리고 세계 열방 가운데 나타나기를 기도합니다.

이사야는 히스기야에게 하나님의 신원의 소식을 전해 주었습니다. 산헤립의 위협에 두려워하며 예루살렘을 위해 슬퍼하는 히스기야에게 이사야는 하나님의 은혜를 전한 것입니다. 하나님은 아직 유다를 버리지 않았으며, 하나님의 언약은 여전히 유효하다는 사실을 이사야는 전달하고 있습니다.

여호와의 은혜의 해와 우리 하나님의 신원의 날을 전파하여 모든 슬픈 자를 위로하되(사 61:2)

하나님은 하나님의 은혜와 신원의 날을 전하는 예언자를 찾고 계십니다. 어느 시대 어느 나라에나 하나님은 은혜를 베푸시기를 원하며, 하나님의 원수들을 심판하기를 작정하십니다. 그리고 그 나라 가운데 세상의 악한 권력 앞에서 두려워하고 슬퍼하는 자들에게 하나님의 은혜와 신원의 말씀을 전하기를 원하십니다.

여러분이 이 소식을 전하는 자들이 되십시오. 여러분 주변을 살펴보십시오. 오늘도 두려움과 슬픔 가운데 하나님의 은혜와 신원하심을 기다리고 호소하는 사람들이 있습니다. 여호와의 신이 여러분에게 임하기를 선포합니다. 성령의 충만한 가운데 가난한 자, 병든 자, 포로 된 자들을 찾으세요.

그들에게 하나님의 복음을 전하십시오. 예수 그리스도의 십자가 안에서 모든 고통의 때가 끝났다고 선포하십시오. 하나님의 아들 예수의 이름으로 하나님의 신원을 선포하십시오. 하나님이 원수들의 코를 갈고리로 꿰어 끌어내실 것을 선언하십시오. 조롱하며 멸시하던 원수들의 입을 자갈로 막으실 것임을 선포하십시오. 원수들을 물러가게 하실 것을 선포하십시오. 하나님께서 두 배로 갚으신다는 소식을 전하십시오.

> 소망을 품은 갇혔던 자들아 너희는 보장으로 돌아올지니라 내가 오늘날도 이르노라 내가 배나 네게 갚을 것이라(슥 9:12)

(현대인의 성경)
희망을 가진 포로들아, 너희는 너희 요새로 돌아오너라. 내가 지금 너희에게 말하지만 너희가 당한 고통에 대해서 내가 두 배의 축복으로 갚아 주겠다.

| Chapter 3 | 설교의 목적으로서의 복음

설교의 일반적인 목적은 하나님의 왕국, 곧 교회를 왕성하게 하며 영혼을 구원하는 것이다. 여기서 한 걸음 나아가 설교의 구체적인 목적은 현 상황에서 교인들을 살펴보면 분명해진다. 이 설교를 듣고 난 뒤에는 어떤 사람으로 변해 있기를 바라는가, 1년, 2년, 3년, 10년 설교를 들은 다음에, 또는 목회를 마칠 때쯤 어떤 사람이 되어야 할 것인가를 마음속에 그려 보아야 한다.

설교의 목적으로서의 복음

김기홍_아름다운교회

설교와 목적 의식

설교에는 반드시 목적이 있어야 한다. 그 목적은 분명하고 순수해야 한다. 내 개인의 뜻을 집어 넣기 위해서 설교하면 안 된다. 교회 내에 분규가 있거나, 말 안 듣는 교인들이 있을 경우 복음을 전하기보다 문제를 해결하려는 목적으로 설교하면 성공하지 못한다.

설교의 일반적인 목적은 하나님의 왕국, 곧 교회를 왕성하게 하며 영혼을 구원하는 것이다. 여기서 한 걸음 나아가 설교의 구체적인 목적은 현 상황에서 교인들을 살펴보면 분명해진다. 나의 목회의 전체 논지가 무엇인지를 써 보는 것이다. 거기에 맞추어 금년에는 무엇을 목적으로 해야 할까, 이번 주 설교의 목적은 무엇일까 등을 써 보면 좋다. 막연하게 '열심히 신앙생활하라'는 것이 아니다. 이 설교를 듣고 난 뒤에는 어떤 사람으로 변해 있기를 바라는가, 1년, 2년, 3년, 10년 설교를 들은 다음에, 또는 목회를 마칠 때쯤 어떤 사람이 되어야 할 것인가를 마음속에 그려 보아야 한다.

교육 역시 목적이 분명해야 한다. 오늘 설교에 대한 구체적인 목표가 무엇인가? 이 설교를 듣고 난 뒤 청중은 어떤 결심을 할 것인가? 예를 들어 십일조를 확실히 내겠다, 부부간에 화해를 하겠다, 복음과 율법의 차이를 선명하게 이해하게 되었다, 내 힘이 아니라 하나님의 힘으로 헌신하겠다, 내가 얼마나 죄인인지 알고 예수만 의지하겠다 등등 매설교마다 복음의 내용으로 감동하여 분명한 목적을 갖게 해야 한다.

복음이란 무엇인가?

1. 복음이란 하나님께서 예수 그리스도를 통해 나를 위해서 행하신 일이다. 그 내용을 설교 속에 반드시 포함시켜야 한다. 아브라함, 모세, 다윗 스스로의 인간적인 훌륭함을 말하는 것이 아니다. 하나님을 의지해서 나온 인격의 훌륭함이다. 성경 어디를 보더라도 하나님께 잡히면 하나님이 변하게 하신다. 그 차이를 설명해야 한다. 예수 믿는 사람은 그 변화를 언제든지 현장에서 자기 것으로 삼을 수 있다. 누구든지 아브라함, 모세, 다윗, 아니 그 이상의 사람이 된다.

2. 그래서 내가 어떤 존재가 되었느냐를 알도록 해야 한다. 복음을 들으면 자신의 변화를 깨닫고 되고 새 힘이 생기게 된다. 옛날의 나, 변화 안 된 나를 자기라고 생각하고 거기에 머물러 자기 힘으로 착하게 살려고 노력하는 것은 율법적인 삶이다.

3. 그러므로 내가 어떤 일을 할 수 있는가? 어떻게 살아야 하는가? 여기까지 가야 사람들은 움직이고 열매를 맺게 된다. 요엘 2:28에 성령 받은 사람은 그 증거로 꿈을 갖는다고 했다. 누구든지 예수를 영접해서 새 사람이 되었

다면 자기 속에 새로운 사람이 있는 것이다. 그 새로운 사람은 꿈도, 능력도 있다. 연구할수록 더욱 그 높이와 크기는 한없이 커지게 된다. 과감하게 도전해야 한다. 그렇게 살라고 설교해야 한다.

하나님은 죄인을 의인으로, 무능한 인간을 유능한 인간으로, 못 사는 사람을 잘 사는 사람으로 만드신다. 복음으로 변화시키기 위해서는 매주일 설교마다 명확한 목적을 잡아야 한다. 그래서 그 목적에 맞는 제목을 뽑아내는 것이다.

목적에 도달하기

율법적인 진행 방법과 복음적인 진행 방법이 있다. 교통 문제를 이야기하는 논문에서 "서울시의 교통 문제가 너무 많다.…그래서 큰일 났다. 교통 대책이 시급하다"라고 한다면 그 논문은 율법적이다. 해결책을 주어야지 문제점만을 제시하면 가슴이 더 답답할 것이다. 설교에서 부정적인 내용은 10-20%만 이야기하면 된다. 문제 제시, 상황이 곤란한 것, 비판적인 것, 비관적인 것이 몇 퍼센트이고, 긍정적이고 해결하는 복음적인 내용이 몇 퍼센트인지 비율을 살펴볼 필요가 있다.

기원전 신앙

결혼식에서 목사님이 주례를 하는데 "장수, 부귀, 행복 등의 축복이 있습니다. 다 원하지 않습니까? 그것을 얻으려면 이렇게 하세요! 첫째, 둘째, 셋째…이렇게 저렇게 하세요. 그러면 축복을 받습니다"라고 설교를 하였다면, 이런 식의 설교는 전형적인 율법주의적 설교에 해당한다. 복음은 이미 받은 것이다. 내가 무엇을 해서 앞으로 받는 것은 율법이다.

설교의 내용이 앞으로 받을 것을 이야기하는지, 이미 받은 것을 이야기하는지 생각해 보라. 충성이든 효도이든 우리는 하나님을 만족시킬 만큼 충분히 할 수 있는 능력이 없다. 그러니까 늘 양심에 가책이 일어나고 나는 복 받을 자격이 없다고 생각하게 된다. 이렇게 해서는 복 받을 가망이 없다. 이런 설교를 자꾸 하게 되면 교인들의 얼굴도 굳어지고, 목사님을 비판하게 되며, 교인끼리도 비판하게 된다. 이것이 기원전 신앙이다. 기원전 신앙은 약속이 뒤에 가 있는 것을 의미한다. 앞으로 받을 복은 기원전 신앙인 것이다.

기원후 신앙

"당신은 복을 받았습니다. 예수 그리스도가 복입니다. 생명이 왔습니다. 부가 왔습니다"라는 식으로 하는 설교이다. 기원후 신앙은 복을 받은 다음에 어떻게 사용하고 적용하는지 이야기 해 준다. 예수 그리스도를 통해서 이미 '장수와 행복과 부귀'가 왔다. 예수 그리스도를 통해서 이미 받은 것이다. 그래서 이것을 어떻게 누리며 적용할지 이야기해 주어야 한다. 그러려면 먼저 이 사실을 알려주어 깨닫도록 하고, 그 다음 감사하면서 적용하도록 해야 한다. 그러려면 믿음을 가지고 새 출발을 해야 하는 것이다.

그 모든 축복은 내 자격에 상관없이 주어진다. 예수가 나를 위해 행하신 일들은 내 자격이나 준비 상태와는 아무 상관이 없다. 내가 아무리 게으르고 악해도 이미 나를 위해 하신 일들을 염치없이 받아 내 것으로 주장하면 효력이 나온다. 이것이 복음이다. 내 것으로 받아들인 사람은 축복자로 정체가 바뀌고, 거기 해당되는 능력이 나오고, 거기 해당되는 삶이 펼쳐진다.

기원후 신앙의 적용

예수께서 다 해 주셔서 내가 변화되었고 새사람이 되었다는 믿음이 잘

오지 않는다 해도 믿고 행해야 한다. 10%만의 믿음, 아주 작은 믿음이라도 버리지 않고 잡고 서면 반드시 싹이 나고 자라고 열매를 맺는다. 믿는 대로 눈앞에 효과나 열매가 즉시 나타나지 않는다 해도 잡고 나가면 반드시 이루어진다. 믿음은 인내도 요구한다.

예수 그리스도 안에서의 변화된 존재의 인식

변화는 영적인 것이다. 이 영적 변화 때문에 외형적인 상황도 달라진다. 내 힘으로 노력해서 하나님 뜻을 이루는 게 아니다. 그리스도의 힘으로 도전을 한다면 우리도 사도같이 할 수 있는 것이다. 그리스도로 인해서 내가 어떤 존재가 되었는지 아는 사람은 삶이 달라진다. 언어, 행동, 마음의 자세 등이 근본적으로 변한다.

대부분의 설교는 하는 방법은 안 가르쳐 주고 하라고만 한다. 하나님이 요구하시는 삶은 너무도 높은 경지이다. 내 힘으로 노력하면 인상만 나빠지고 열매도 없다. 하나님이 주시는 힘으로 해야 한다. 그러려면 내 약함을 알고 하나님을 의지하면서 하나님이 도와주신다는 약속을 믿고 나아가야 한다.

하나님이 부어 주신 믿음

성령이 말할 수 없는 탄식으로 내 속에서 기도하시고, 예수께서도 하나님 우편에서 쉬지 않고 나를 위해서 기도하신다. 그 기도에 내가 조금만 더 하면 되는 것이다. 믿음도 내가 믿으려고 노력한다고 되지 않는다. 믿음도 이미 내 속에서 하나님께서 부어 주신 것임을 알아야 한다. 성령이 내 안에 계시고 하나님이 넣어 주신 믿음이 있기 때문에 예수 그리스도를 믿을 수 있는 것이다. 인간의 믿음, 인간의 신념, 그런 수준의 믿음이 아닌 하나님만이 가지셨던 그 믿음, 그것이 바로 성령을 통해서 내 안에 부어졌고 성령이 내 안에 계시기에 변함없이 믿음을 가질 수 있는 것이다. 이것을 알려주고, 의지하게 하고, 믿게 해야 하는 것이다.

설교 준비도 복음적으로

설교는 구성을 잘하고 논지를 잘 세우고 전달을 잘 해야 한다. 이것도 전적으로 하나님을 의지해야 한다. 복음적인 설교는 준비 단계에서부터 주제를 잡고 내용을 작성하게 되는데 이때도 하나님을 의지해야 한다. 특별히 전달하기 전에 기도하며 하나님의 도움을 구해야 한다. 반드시 성령이 역사하신다.

설교 교정

율법적인 내용이나 교훈적인 내용을 복음적으로 바꾸는 연습을 해야 한다. 복음적인 설교는 우리를 하나님 앞에 세우고 우리를 강화시키고 힘을 공급해 준다. 그러므로 복음적인 설교는 같은 설교를 해도 재미있어 한다.

점검할 내용

1. 제목이 부정적인지 긍정적인지 확인한다.
2. 제목의 답으로 주어진 논지가 복음적인지 확인한다. 복음이라도 너무 뻔하지 않은지를 살핀다.
3. 요지가 무엇을 하라고만 하는 것인지, 할 힘과 방법을 주고 하라는 것인지 확인한다.
4. 비판 같은 부정적 내용이 20% 미만이고 격려 같은 긍정적 내용이 나머지를 차지하는지 확인한다.

연습 1

제목 : 약할 때

논지 : 약할 때 더욱 강해진다.

1. 약할 때 겸손해진다.

2. 약할 때 생각이 깊어진다.

3. 약할 때 더욱 기도하게 된다.

4. 약할 때 하나님께 나와 은혜 받고 강해진다.

제목부터 부정적이다. 그리고 복음의 내용이 없다. 그러므로 얻을 것을 얻지 못한다.

〈고쳐본 내용〉

제목 : 약할 때 강하다.

논지 : 항상 약하지만 그리스도의 하신 일을 의지하면 강해진다.

1. 약할 때 그리스도 앞에 서면 겸손해진다.

2. 약할 때 그리스도를 생각하게 된다.

3. 약할 때 그리스도를 의지하고 기도한다.

4. 약할 때 그리스도가 내게 해 주신 일을 의지한다.

결론 : 약한 것이 저주가 아니다. 그리스도의 힘으로 바꿀 수 있는 복 받은
　　　상태이다.

비교

고치기 전의 설교는 그리스도 대신 부처님을 넣으면 절에 가서도 할 수 있는 내용이다. 고쳐본 내용은 예수 그리스도를 포함하였다. 그래서 할 수 있도록 만들었다.

연습 2

제목 : 여호와를 구하는 자

논지 : 여호와를 구하는 자는 복되다.

1. 여호와를 구하는 자는 감사한다.

2. 여호와를 구하는 자는 찬양한다.

3. 여호와를 구하는 자는 마음이 즐겁다.

4. 여호와를 구하는 자는 능력 있는 삶을 산다.

여기 감사할 내용이 보이지 않는다. 여호와를 구하면 무엇이 좋은지를 말해 주면 찬양이 나오리라. 하나님이 내게 해 주신 일을 설명해야만 복음적인 설교이다.

〈고쳐본 내용〉

제목 : 여호와를 구하는 자

논지 : 여호와를 구하는 자는 복되다.

1. 그가 용서하심을 감사한다.

2. 그가 은사 주심을 찬양한다.

3. 영으로 함께하심을 알기에 즐겁다.

4. 함께 행하시기에 능력 있는 삶을 산다.

믿을 내용을 주었다. 이전과 비교해 보면 여호와를 구한다고 해서 감사가 나오거나 찬양이 나오는 것은 아니다. 그러므로 청중이 공감하지 못한다. 하나님이 내게 무엇을 해 주셨는지를 설명해 주어야 한다.

연습 3

제목 : 예수의 증인

논지 : 예수의 증인은 증인으로서 누리는 복이 있다.

1. 예수를 더욱 많이 알게 하신다.

2. 예수를 더욱 체험하게 하신다.

3. 예수를 증거할 많은 능력을 행하게 하신다.

예수의 증인이 가지는 능력이나 특권의 내용을 말해 주어야 한다.

〈고쳐본 요지〉

제목 : 예수의 증인

논지 : 증인이 일하는 동안 예수는 함께 일하신다.

1. 예수에 관해 들은 내용이 확실하게 경험되게 하신다.

2. 듣는 이를 감동시키는 예수의 일을 체험하게 하신다.

3. 예수의 일을 많이 할수록 그의 능력은 흘러나온다.

아직도 예수가 내게 해 주신 일에 대한 내용이 포함되어 있지 않다.

〈한 번 더 고쳐본 내용〉

제목 : 예수의 증인

논지 : 예수의 증인은 예수가 해 주신 일을 말한다.

1. 예수의 죽음이 우리 저주의 죽음임을 선포한다.

2. 예수의 사심으로 우리에게 영생 주심을 선포한다.

3. 예수와 하나 됨으로 작은 예수가 됨을 선포한다.

4. 예수의 일을 할수록 더욱 그를 닮아 감을 선포한다.

중요한 것은 복음의 내용이 있다는 점이다. 앞의 것들과 이 점이 다르다.

정리 및 마무리

복음적 설교는 무엇을 행하라고 하기 전에 무엇을 믿을지를 먼저 말한다. 예수가 하신 일들을 설명해 주고 그것을 내 삶에 적용해 주어서 내가 어떤 존재가 되었는지 설명해 주는 것이다. 그러면 사람들이 거기에 맞추어서 삶을 살게 된다. 그렇게 한두 해만 이야기해도 사람들이 힘 있게 살게 된다. 설교를 쓸 때나 들을 때에 예수가 나를 위해 행하신 일이 무엇인가를 꼭 체크해 보아야 한다. 그 다음에는 그것을 믿어서 내가 어떤 종류의 사람이 되었는가를 확인해 주어야 한다. 그 다음에는 내가 어느 일을 할 수 있는지 알게 해 주는 것이 설교이다.

| Chapter **4** | 설교의 능력은 어디서 오는가?(1)
- 설교와 교회 성장

설교자는 강단에 설 때마다 질문해 보아야 한다. 지금 예수님이 이 설교를 들으면서 고개를 끄덕이고 계시는가? 하나님이 의도한 말씀을 바르게 해석하고 예수님이 인정하는 설교, 강단에서 선포될 때 청중의 삶에 진리의 말씀으로 인한 거룩한 변화를 일으키는 설교, 그것이 바로 모든 기독교 설교자들이 나아가야 할 설교의 방향이다.

설교의 능력은 어디서 오는가?(1)
- 설교와 교회 성장

전준구_대전가양교회

교회 부흥과 성장은 하나님의 뜻이다

교회가 부흥하고 영적으로 성장하는 것은 단순히 한 목회자의 꿈이 실현되는 것이거나 교회공동체의 집단이기적인 목표가 아니다. 이것은 절대적으로 하나님의 소원이요 뜻이다. 교회가 부흥하고 성장해야 하는 근본적인 이유는 무엇인가? 첫째, 예수님이 목숨 걸고 이루시고자 한 영혼 구원의 역사가 확장되기 때문이다. 둘째, 세상에 대해서 하나님의 뜻과 사랑을 영향력 있게 실현할 수 있기 때문이다.

현대 교회 부흥 운동의 세 가지 패러다임

설교와 교회 성장의 주제를 다루기 위해서 먼저 오늘날 미국 교회의 부흥 운동을 주도한 세 가지 패러다임을 살펴보고자 한다.

02 설교 기술인가? 능력인가?

1) 프로그램 중심의 교회 부흥 운동(Program-Centered Ministry)

적극적인 사고를 기초로 한 로버트 슐러 목사의 수정교회, 구도자 예배와 열린예배의 원조가 된 빌 하이벨스 목사의 윌로우크릭 커뮤니티교회, 목적이 이끄는 삶을 중심으로 한 릭 워렌 목사의 새들백교회, 그리고 사랑의 소그룹 공동체를 중심으로 성장해 가는 데일 겔로웨이 목사의 뉴호프 커뮤니티처치가 프로그램 중심으로 성장해 가는 대표적인 교회이다.

프로그램 중심의 교회 부흥 운동은 다원화된 사회와 문화를 전제로 한 목회 형식이다. 회중들의 다양한 배경과 필요를 이해하고 회중들의 필요에 맞는 프로그램을 다방면으로 제공하면서 부흥을 이루어 가는 목회 패턴이다.

2) 성령 운동 중심의 교회 부흥 운동(Spirit-Centered Ministry)

하나님의 성회 계통과 오순절 계통의 교회, 제3의 물결, 즉 빈야드 운동과 관련된 교회들이 대표적인 교회이다. 성령 운동 중심의 교회들은 성령의 영적 은사를 강조하며, 체험적인 신앙에 초점을 맞추고, 형식적인 예배를 거부하며, 성령의 인도하심에 따라 찬양, 기도, 방언, 치유 사역이 예배 시간에 상례적으로 이루어진다. 말씀을 통해서 성경에 나타난 성령 운동을 지속적으로 전파하면서 회중을 성령의 임재 가운데로 이끌어 가는 목회 패턴이다.

3) 말씀 중심의 교회 부흥 운동(Word-Centered Ministry)

말씀 중심의 교회 부흥 운동은 가장 보편적이고 일반화된 부흥 운동이다. 말씀 중심의 교회 부흥 운동은 강해 설교를 중심으로 성도들의 신앙과 삶을 인도하는 목회 패턴이다. 말씀을 읽고 해석하고 적용하는 기본 원리를 중심으로 성도들의 삶이 말씀과 하나 되어 살아가도록 인도한다.

대표적인 목회자는 척 스미스와 존 맥아더, 그리고 척 스윈돌 목사를 들 수 있다. 특별히 캘리포니아 코스타메사에 있는 척 스미스 목사가 인도하는 갈보리교회는 말씀 중심의 부흥 운동에 기념비적인 역사를 이루어 가고 있다. 척 스미스 목사는 1960년대에 일어난 히피 운동에 대항하여, 젊은이들에게 한 절 한 절 성경을 가르치며 삶의 변화를 일으키는 방법으로 현재의 갈보리교회를 이루었다. 한 절 한 절 말씀을 읽고 배우고 삶에 적용하는 말씀 운동은 오늘날 미국에서 가장 영향력 있는 부흥 운동의 한 축이 되었다.

기본 신앙으로는 하나님 말씀의 절대무오, 그리스도의 동정녀 탄생, 예수의 죄 없으심, 예수의 대속적인 죽음, 육체의 부활, 영광에로의 승천, 재림 등을 성경적으로 믿는다. 말씀 운동의 강해 설교자들은 인생의 모든 문제에 대한 대답이 성경에 있다고 믿고, 가정과 사회 문제에 대한 답을 성경적인 관점에서 찾고 가르치는 사역에 중점을 두고 있다.

감리교 목회자로서의 자기 성찰

감리교 목회자로서 오늘의 목회현장에서 감리교 목회자의 영성과 목회, 그리고 시대를 향한 영향력에 대해서 진솔하게 자기 성찰을 해야 할 때가 왔다고 본다.

오늘날 한국교회의 영성을 이끌어 가는 대표자는 누구라고 말할 수 있는가? 오늘 내가 목회현장에서 설교나 신앙 교육을 위해서 참고하는 책의 저자들은 누구인가? 한국교회의 목회 패러다임을 주도하는 사람들은 누구인가? 감리교회의 강점과 약점은 무엇인가?

이런 질문들을 놓고 성찰해 보면 감리교회의 현주소를 발견할 수 있다. 감리교회는 자유주의적 성향은 강하지만, 복음적인 영성이 약하다. 신학은 강하지만, 말씀의 영성이 약하다는 자기 진단을 내릴 수가 있다. 교회 부흥과 성장을 위해서는 복음주의적 영성이 회복되어야 한다. 말씀 중심의 목회가 회복되어야 한다. 말씀 중심의 부흥 운동의 불을 다시 지펴야 한다.

말씀 중심 목회의 회복

일찍이 아모스는 이스라엘 백성들의 영적 · 도덕적 타락은 근본적으로 백성이 하나님의 말씀을 듣지 못한 데 있다고 지적했다. "양식이 없어서 주림이 아니며 백성이 물이 없어 갈함도 아니요 여호와의 말씀을 듣지 못한 기갈이라"(암 8:11). 사도 바울은 믿음은 들음에서 나고 들음은 그리스도의 말씀으로 말미암는다고 가르치고 있다(롬 10:17).

기독교는 말씀의 종교이다. 말씀으로 세상이 창조되었고, 말씀 중심으로 신앙이 형성되고, 교육되고, 훈련되고, 전승되었다. 그런데 오늘날 심각한 문제는 말씀의 세속화 현상이다. 강단이 세속화해 가고 있다. 본문이 주는 메시지를 이탈하는 설교가 너무 많다. 경험 중심적 설교가 너무 많다. 체험은 있을 수 있으나 그 자체가 진리는 아니다. 필요에 의한 주제 설교가 복음의 자리를 빼앗고 있다. 정신 차려야 한다.

정통 교회가 성경적인 메시지에 집중하지 않고 있는 사이에 온갖 이단과 사이비 세력이 말씀을 마음대로 해석하고 변질시켜서 택함 받은 양떼들을 멸망의 구렁텅이로 빠뜨리고 있다. 성경 자체를 바로 이해하고, 바로 가르치고, 바로 믿게 하고, 바로 살게 하는 '말씀 중심의 부흥 운동'이 절대적으로 필요하다.

왜 말씀 중심의 운동이 일어나야 하는가?

1) 실제적으로 부흥하는 교회의 공통적인 특성은 강단 목회가 살아 있다.

부흥을 추구하는 목회자들이 다른 부흥하는 교회의 프로그램, 구조, 조직에 관심을 집중하고 있는데, 정작 부흥하는 교회의 공통적인 특성은 그런 외적인 요소보다 본질적인 요소에 충실하고 있었다. 그것은 "복음적인 메시지, 성경적인 메시지가 살아 있다"는 것이다. 부흥하는 교회는 강단 목회가 살아 있다.

2) 탁월하게 부흥하는 교회는 성경적인 메시지를 누리고 있다.

목회자가 하나님의 말씀을 강조하고, 회중들도 말씀을 배웠다, 깨달았다는 충만감이 있다. 말씀을 배우고 깨달았으니 말씀대로 살겠다는 결단이 왕성해지는 말씀의 누림이 있다.

3) 기독교는 말씀의 종교이다.

말씀을 중심으로 신앙이 형성되고, 교육되고, 훈련된다. 말씀은 창조의 능력이 있고, 치유하고 회복하는 능력이 있다. "하나님의 말씀은 살았고 운동력이 있어 좌우에 날선 어떤 검보다도 예리하여 혼과 영과 및 관절과 골수를 찔러 쪼개기까지 하며 또 마음의 생각과 뜻을 감찰하나니"(히 4:12).

4) 말씀 부흥을 통한 교회 부흥은 성경 자체가 가르치는 부흥 원리이다.

초대교회는 말씀의 부흥을 통해서 교회가 부흥하는 역사를 이루어 내었다. 외부 세력의 끊임없는 환란과 핍박, 내부에서의 집요하고도 혼란스러운 이단의 세력들을 당당하게 물리칠 수 있었던 것은 오직 말씀으로 무장한 견고한 신앙의 힘 때문이었다. "하나님의 말씀은 흥왕하여 더하더라"(행 12:24). "이와 같이 주의 말씀이 힘이 있어 흥왕하여 세력을 얻으니라"(행 19:20).

5) 말씀 부흥은 모든 교회에서 실행할 수 있는 성경적 방법이다.

말씀을 통한 교회 부흥 운동은 교회의 크기, 프로그램의 유무, 조직과 재력의 유무에 상관없이 어느 교회에서나 적용할 수 있는 가장 분명하고 단순하고 쉬운 방법이다. 요즈음 유행되는 목회 프로그램이 얼마나 많은가? 그런데 과연 시골에서 노인들 중심으로 이루어진 교회에서 아버지학교, 어머니학교, 싱글 미니스트리를 할 수 있는가? 그 자체는 좋은 프로그램이지만 모든 교회에서 적용할 수 있는 것은 아니다. 그러나 말씀 부흥은 목회자만 바로 준비하면 어디에서나 적용할 수 있는 단순하고 강력한 방법이다.

6) 성경적인 의미에서 볼 때 목회자의 일차적인 사명, 즉 맡겨서도 안되고, 피할 수도 없는 사명은 '말씀 증거자로서의 사명'이다.

조직, 행정, 관리, 프로그램 등은 팀 사역(Team Ministry)이나 평신도 사역을 통해서도 얼마든지 감당할 수 있다. 그러나 말씀 사역(강단사역)은 목회자가 꼭 감당해야 할 본연의 사명이다. "형제들아 너희 가운데서 성령과 지혜가 충만하여 칭찬 듣는 사람 일곱을 택하라 우리가 이 일을 저희에게 맡기고 우리는 기도하는 것과 말씀 전하는 것을 전무하리라 하니"(행 6:3-4).

캠벨 모간(G. Cambell Morgan)은 다음과 같이 말했다. "사역자의 최상의 임무는 설교(말씀 사역)이다. 우리가 범할 수 있는 큰 위험 중의 하나는 수천 가지의 작은 일에 열중하다가 한 가지 일, 즉 가장 중요한 말씀 사역을 게을리 하는 것이다."

말씀 중심 목회의 모델: 성경적 설교의 재발견(Biblical Preaching)

1) 성경적 설교란 무엇인가?

말씀 중심의 부흥 운동, 진리 운동을 회복하기 위해서 성경적 설교에 대한 집중적인 이해와 실천이 필요하다. 성경적인 설교란 무엇인가?

(1) 성경 자체를 가르치는 설교이다. 성경의 역사, 배경, 내용 자체를 우선적으로 가르치는 설교를 뜻한다.

(2) 성경의 내용을 따라가는 설교이다. 의도된 주제나 고정된 사상이나 신학의 틀을 가지고 성경을 읽고 해석하는 것이 아니라, 성경 자체의 내용과 역사를 중심으로 말씀을 이끌어 가는 설교이다.

(3) 성경 전체를 가르치는 설교이다. 성경은 역사와 비유, 편지 등 제반 문학적인 양식을 다 포함하고 있다. 그러므로 성경을 가르치려면 가능하면 하나의 책을 선택해서 전체적으로 읽고 설교하는 것을 원칙으

로 해야 한다. 성경 본문을 매주 바꿔 가면서 여기저기서 택하는 것은 인위적인 설교로 흘러갈 위험이 있다.

(4) 본문의 의도를 찾는 설교이다. 설교의 주제나 대지는 만드는 것이 아니라, 발견된 것이어야 한다. 설교자는 항상 본문의 의도를 찾는 데 집중해야 한다. 그렇지 않으면 본문과 상관없는 주제나 대지로 설교를 구성할 수가 있다.

(5) 성경해석에 대한 전통적인 도구들을 존중하는 설교이다. 성경은 다양한 문화와 역사, 상징을 포함하고 있다. 그러므로 깊게 읽고 연구하는 자세로 말씀을 준비해야 한다. 쉽게 읽고 간단한 주제를 찾는 습관은 말씀의 진리를 훼손하고 능력을 약화시킬 수가 있다. 그간 수많은 성경학자들이 연구한 해석학의 기본 원칙(문자적 해석, 영적 해석, 도덕적 해석, 상징적 해석, 교리적 해석 등)을 지켜 가면서 성경을 보는 눈을 열어 가야 한다.

(6) 말씀을 중심으로 삶의 변화와 행동을 이끌어 내는 설교(적용의 실제화)이다.

(7) 복음적 주제들이 반영되는 설교(구원론, 교회론, 신론, 성령론, 종말론 등)이다.

2) 성경적 설교가 주는 유익은 무엇인가?

(1) 설교가 신적 권위, 성경적인 권위를 가지게 된다.
(2) 목회자를 하나님의 말씀을 전하는 자로 인식하게 한다(목회자를 보는 눈).
(3) 설교 자료가 무궁무진하다.
(4) 성경적으로 생각하고 성경적으로 살도록 돕는다.

(5) 설교의 깊이와 넓이를 촉진한다.

(6) 인간적인 주장의 삽입을 방지한다.

(7) 설교자로 하여금 성경 전체를 설교하게 한다.

(8) 설교자와 회중 모두가 말씀으로 하나가 되게 한다.

교회 부흥을 위한 성경적 설교의 중심 주제의 실제

말씀 부흥을 통한 교회 부흥, 강단 목회를 통한 교회 부흥을 이루기 위해서는 말씀의 토대 위에 신앙의 기초가 바로 서 있어야 한다. 성도들이 말씀 중심으로 신앙의 토대를 바로 세울 때 교회는 저절로 건강하고 왕성하게 되어 부흥의 역사를 이루어 나갈 수 있다.

1) 제단 신앙

(1) 구원은 제단 안으로 들어오는 것이다. '교회 밖에는 구원이 없다.'

(2) 제단을 떠나면 죽는다. 장소가 중요하다. "내가 홍수를 일으켜 무릇 생명의 기식이 있는 육체를 천하에서 멸하리니 땅에 있는 자가 다 죽으리라"(창 6:17).

(3) 교회는 구원의 방주이지만 천국 자체는 아니다. "노아가 아들들과 아내와 자부들과 함께 홍수를 피하여 방주에 들어갔고 정결한 짐승과 부정한 짐승과 새와 땅에 기는 모든 것이 하나님이 노아에게 명하신 대로 암수 둘씩 노아에게 나아와 방주로 들어갔더니"(창 7:7-9).

2) 목자 신앙

(1) 참 성도는 내 목자가 있어야 한다. "여호와는 나의 목자시니 내게 부족함이 없으리로다"(시 23:1). "그 꼬리가 하늘 별 삼분의 일을 끌어다가 땅에 던지더라 용이 해산하려는 여자 앞에서 그가 해산하면 그 아이를 삼키고자 하더니(참 목자)"(계 12:4).

(2) 양떼는 목자의 인도를 받아야 한다. "그가 나를 푸른 초장에 누이시며 쉴 만한 물가로 인도하시는도다"(시 23:2). "주인의 뜻을 알고도 예비치 아니하고 그 뜻대로 행치 아니한 종은 많이 맞을 것이요"(눅 12:47).

(3) 목자를 떠난 양은 공격을 받을 수밖에 없다. "화 있을진저 저희가 나를 떠나 그릇 갔음이니라 패망할진저 저희가 내게 범죄하였음이니라"(호 7:13). "나는 포도나무요 너희는 가지니 저가 내 안에, 내가 저 안에 있으면 이 사람은 과실을 많이 맺나니 나를 떠나서는 너희가 아무것도 할 수 없음이라"(요 15:5).

3) 성령 신앙

(1) 성령을 받아야 참 그리스도인이 된다. "그러므로 내가 너희에게 알게 하노니 하나님의 영으로 말하는 자는 누구든지 예수를 저주할 자라 하지 않고 또 성령으로 아니하고는 예수를 주시라 할 수 없느니라"(계 12:3).

(2) 성령을 받아야 복음의 증인이 된다. "오직 성령이 너희에게 임하시면 너희가 권능을 받고 예루살렘과 온 유대와 사마리아와 땅 끝까지 이르러 내 증인이 되리라 하시니라"(행 1:8).

(3) 성령을 받아야 사탄과의 전쟁에서 승리자가 될 수 있다. "그가 내게 일러 가로되 여호와께서 스룹바벨에게 하신 말씀이 이러하니라 만군의 여호와께서 말씀하시되 이는 힘으로 되지 아니하며 능으로 되지

아니하고 오직 나의 신으로 되느니라"(슥 4:6).

(4) 성령을 받아야 거듭난 삶을 살 수가 있다. "오직 성령의 열매는 사랑과 희락과 화평과 오래 참음과 자비와 양성과 충성과 온유와 절제니 이 같은 것을 금지할 법이 없느니라"(갈 5:22-23).

4) 십일조 신앙

참 목자는 성도들이 복 받는 길, 승리하는 길을 바로 가르쳐야 한다.

(1) 십일조 신앙은 하나님이 주인 되심에 대한 신앙고백이다.

(2) 십일조 신앙은 시대를 초월한 영적인 명령이다. 십일조 신앙은 아브라함이 북부 연합군과 싸워 승리한 후에 멜기세덱에게 드린 이후에 (창 14장), 모세가 율법을 통해서 가르쳤고, 선지자들이 강조했으며, 예수님도 지킬 것을 명하신(마 23:23), 역사를 초월한 영적인 명령이다.

(3) 십일조는 축복의 씨앗이다. "만군의 여호와가 이르노라 너희의 온전한 십일조를 창고에 들여 나의 집에 양식이 있게 하고 그것으로 나를 시험하여 내가 하늘 문을 열고 너희에게 복을 쌓을 곳이 없도록 붓지 아니하나 보라"(말 3:10).

(4) 복음 시대는 10분의 1이 아니라, 우리 몸 전체를 제물로 드릴 것을 명한다. "그러므로 형제들아 내가 하나님의 자비하심으로 너희를 권하노니 너희 몸을 하나님이 기뻐하시는 거룩한 산 제사로 드리라 이는 너희의 드릴 영적 예배니라"(롬 12:1).

5) 재림 신앙

(1) 재림은 성경에 남아 있는 마지막 예언이다.

(2) 재림 신앙은 현재적 삶을 변화시키는 가장 분명한 영적 계시이다.

(3) 재림의 때를 분별할 줄 알아야 한다(마 24장 참고). "아침에 하늘이 붉고 흐리면 오늘은 날이 궂겠다 하나니 너희가 천기는 분별할 줄 알면서 시대의 표적은 분별할 수 없느냐"(마 16:3).

(4) 참 성도는 재림을 준비하는 자가 되어야 한다.

(5) 목자 신앙을 가지고 재림을 준비해야 한다. "거짓 그리스도들과 거짓 선지자들이 일어나 큰 표적과 기사를 보이어 할 수만 있으면 택하신 자들도 미혹하게 하리라"(마 24:24).

(6) 하늘 면류관을 바라보고 살아야 한다. "내가 선한 싸움을 다 싸우고 나의 달려갈 길을 마치고 믿음을 지켰으니 이제 후로는 나를 위하여 의의 면류관이 예비되었으므로 주 곧 의로우신 재판장이 그 날에 내게 주실 것이요 내게만 아니라 주의 나타나심을 사모하는 모든 자에게니라"(딤후 4:7-8).

결어

교회 부흥은 하나님께서 목회자에게 맡겨 주신 지상최대의 미션이다. 교회는 반드시 부흥해야 한다. 그렇게 하기 위해서는 본질을 놓쳐서는 안 된다. 부흥하는 교회의 공통적인 특성은 강단이 살아 있고 말씀이 살아 있다는 것이다. 이 기본을 놓쳐서는 안 된다. 다른 것은 다 맡길 수 있다. 그러나 강단은 사명이 다할 때까지 내 자신이 지켜야 한다. 그것도 생수의 강이 흘러넘치도록 지켜야 한다. 그러므로 목회는 무엇보다도 말씀 사역에 목숨을 걸어야 한다. 말씀 부흥에 집중해야 한다. 그러면 살아난다.

| Chapter **5** | 설교의 능력은 어디서 오는가?(2)
– 설교와 기도

기도는 설교를 돕고, 설교는 기도를 돕는다. 상호 관계 속에서 온전히 주의 말씀이 증거된다. 기도함으로 우리의 마음과 영의 눈이 열려 주의 법의 놀랍고 기이한 일들을 보게 되고, 그 놀랍고 기이한 하나님의 말씀을 기도의 힘으로 설교함으로 성도들에게 놀라운 감화와 감동을 주며 삶을 변화시킬 수 있다.

설교의 능력은 어디서 오는가?(2)
- 설교와 기도

현재 샘터교회를 섬기고 있는 정용섭 목사는 설교 비평 시리즈 3권을 출간했다. 한국교회의 내로라하는 유명 목사들의 설교를 비평한 것이다. 제1권 「속 빈 설교 꽉 찬 설교」(2006)에서는 조용기 목사의 설교를 '빈자를 가혹케 하는 삼박자' 설교, 연세중앙교회 윤석전 목사의 설교를 '대중 선동적' 설교, 새문안교회 이수영 목사의 설교는 '정치 설교'요, 두레교회의 김진홍 목사의 설교는 '무협지적인' 설교라고 비판했다. 그러면서 청파교회 김기석 목사와 경동교회 박종화 목사, 선교백주년기념교회 이재철 목사, 모새골 공동체 임영수 목사의 설교는 비교적 '꽉 찬 설교'로 평했다.

제2권 「설교와 선동 사이에서」(2007)는 할렐루야교회 김상복 목사, 대구동부교회 김서택 목사, 소망교회 김지철 목사, 지구촌교회 이동원 목사, 연동교회 이성희 목사, 신촌성결교회 이정익 목사, 대전중문교회 장경동 목사, 삼일교회 전병욱 목사, 수영로교회 정필도 목사 등 기라성 같은 설교자들의 설교를 비판했다.

제3권 「설교의 절망과 희망」(2008)에서는 소망교회 곽선희 원로목사, 대구

동신교회 권성수 목사, 명성교회 김삼환 목사, 충신교회 박종순 목사, 사랑의교회 오정현 목사, 옥한흠 원로목사, 남서울은혜교회 홍정길 목사 등의 설교를 비판했다.

정용섭 목사는 대형 교회 목회자의 설교라 할지라도 성령이 역사하지 않으면 절망에 빠진 설교에 불과하고, 절망에 빠진 설교로는 한국교회를 살려낼 수 없다고 했다. 이처럼 '내로라하는' 유명 목회자들의 설교를 '속 빈 설교'라고 몰아치며 설교에 대한 비판이 쏟아져 나오고, 설교가 점점 권위를 잃어가고 있을 때 한국웨슬리연구회에서 "설교, 기술인가? 능력인가?"라는 주제로 한 주간 동안 연구하며 진지하게 토의하게 한 것을 감사한다.

필자는 "설교와 기도"라는 주제로 이 문제를 풀어갈까 한다. 필자는 설교의 대가인 데이비드 마틴 로이드 존스(David Martyn Lloyd-Jones), 데니스 레인(Denis J. V. Lane), 그리고 이 엠 바운즈(Edward McKendree Bounds)를 통해서 생명 있는 설교가 기도에서 나온다는 것을 정리하여 발표함을 밝혀 둔다.

나는 어떤 설교자가 되기를 원하는가?

설교자라면 설교를 듣는 회중으로 하여금 스스로 성장하도록 돕고, 동기를 부여해 주며, 자신감을 갖게 하고, 자신의 정체성을 확인하며, 긍정적으로 생각하도록 돕는 설교자가 되어야 한다. 아울러 다른 설교자의 설교를 더 잘 듣도록 돕고, 공동체 생활에 잘 적응하며 협력하도록 도우며, 이웃을 섬기도록 이끌고, 자기를 희생시켜 변화된 사람으로 키우며, 하나님 나라를 확장시키기 위해 스스로 희생하도록 만드는 설교자가 되어야 한다.

그러기 위해서는 영혼을 구원하는 일에 열정을 쏟게 하는 성도로 키워가는 설교자가 되어야 한다. 살아 있는 하나님의 말씀이 듣는 자들에게 운동력을 갖게 하고, 권능의 말씀으로 한 개인을 직접 움직여 역사하도록 도와야 한다. 참된 설교자는 하나님 말씀의 능력을 믿고 의지하며, 말씀을 자기의 주장을 펼치는 보조수단으로 사용하지 않으며, 오직 하나님의 말씀이 주인이 되도록 설교한다. "하나님의 말씀은 살아 있고 활력이 있어 좌우에 날선 어떤 검보다도 예리하여 혼과 영과 및 관절과 골수를 찔러 쪼개기까지 하며 또 마음의 생각과 뜻을 판단하나니"(히 4:12).

초대교회 사도들은 기도하는 일과 말씀 전하는 일에 전무했다(행 6:4). 그렇다면 오늘의 설교자 역시 말씀 전하는 일과 기도하는 일에 프로 혹은 챔피언이 되어야 할 것이다. 이 엠 바운즈는 이렇게 말했다. "하나님의 왕국은 기도를 수반하며, 기도는 복음의 날개를 달고 그 안에서 능력을 부여한다. 기도를 통해서 하나님의 왕국은 정복하는 힘을 얻어 급속히 확장된다. 만일 기도를 소홀하게 되면 설교자는 강사나 정치가나 세상의 선생 이상의 수준이 되지 못한다. 설교자가 다른 정치적 연사와 구별되는 것은 기도하는 사람이기 때문이다."

설교자의 두 날개는 말씀과 기도이다. 설교와 기도는 서로 다른 부분이 아니라 하나님께로 날아오르는 새의 양 날개이다. 한쪽 날개로는 불완전하고 피곤하여 목적을 이룰 수 없다. 기도는 설교를 돕고, 설교는 기도를 돕는다. 상호 관계 속에서 온전히 주의 말씀이 증거된다. 기도함으로 우리의 마음과 영의 눈이 열려 주의 법의 놀랍고 기이한 일들을 보게 되고, 그 놀랍고 기이한 하나님의 말씀을 기도의 힘으로 설교함으로 성도들에게 놀라운 감화와 감동을 주며 삶을 변화시킬 수 있다. 말씀의 깨달음과 설교의 전파 추진력은 모두 기도에서 나온다. 말씀을 설교하기 위해서는 하나님의 도우심이 절대적으로 필요하기에 기도가 필요한 것이다.

그러므로 설교자는 말씀을 붙잡고 기도해야 하며, 깨달은 말씀을 기도의 능력으로 설교해야 한다. 엠마오의 두 제자가 가슴이 뜨거워진 때는 주께서 "길에서 성경을 풀어 주실 때"(눅 24:32)였다. 우리도 성도들에게 말씀을 잘 풀어 주어야 하는데 그 능력은 기도실에서 얻을 수 있다. 기도할 때 말씀의 능력을 받으며, 성경을 더 정확히 해석할 수 있다.

권위 있는 설교를 하기 위해 기도하라
– 로이드 존스의 설교를 중심으로

데이비드 마틴 로이드-존스(David Martyn Lloyd-Jones, 1899-1981)는 영국의 개신교 평신도 설교자였다. 그는 죄의 교리에 대해 설교하는 것을 설교자의 첫째 임무로 꼽았다. 칼빈주의 감리교도로서 정체성을 확립한 그는 능력 있는 전도 설교를 통해서 교회 부흥을 일으켰다. 그의 2차 목회 사역은 1938년 런던의 웨스트민스터 채플에서 시작하여 은퇴하기까지 30년 가까이 계속되었다. 처음엔 약 500명의 성도가 모이던 것이 1951년에는 2,500여 명이 참석하는, 런던에서 가장 큰 교회로 성장하였다.

그는 그만의 독특한 강해 설교 방식을 발전시켰는데, 설교를 준비하거나 강단에 설 때마다 그는 세 가지 원리를 염두에 두었다고 한다. 첫째, 설교는 반드시 신학적이어야 한다. 그러기 위해서는 성경 전체의 메시지를 잘 파악하고 조직신학에 대한 지식을 갖추라고 권한다. 둘째, 설교문은 반드시 강해적이어야 한다. '강해 설교'란 한 구절 또는 몇 구절에 대한 강해가 아니며, 그에 대한 연속적인 주해도 아니고, 단지 본문에 대한 탁월한 설명을 모은 것도 아니다. 그는, 설교문은 마치 교향곡과 같이 특정한 형태를 갖춰야 한다고 강조하였다. 셋째, 설교는 성령의 통제 아래서 행해져야 한다. 현재 우리나라에는 60여 권이 넘는 로이드 존스의 설교가 번역되어 있다. 한국 교회 강단에서 강해 설교 물결을 일으킨 분이다.

42년 간의 목회활동을 정리한 로이드 존스는 나중에 「목사와 설교」라는 책을 썼다. 그의 결론은 단호했다. "사람들이 성경을 권위 있는 말씀으로 믿고, 그 권위에 입각해서 말하는 동안에는 위대한 설교를 들을 수 있었습니다. 그러나 일단 거기서 떠나 사색하고, 논리화하고, 억측을 부리고부터는 웅변이나 구변의 위대성은 여지없이 하향 길을 걸으며 쇠퇴하기 시작했습니다. 성경의 위대한 원리들에 대한 신념이 없어지기 시작하고, 설교가 윤리적인 강연이나 훈계, 도덕 정신의 함양, 설교보다는 사회 정치적인 대화로 자리바꿈을 하면서 퇴보하였다는 것은 놀랄 일이 아닙니다. 바로 그 점이 이렇게 하향 길을 걷게 된 첫째 되고 가장 큰 요인이라고 주장하는 바입니다." "내가 확신하기로는 모든 설교자마다 설교란 기도하는 일과 비교할 때 비교적 단순한 일임을 인정해야 합니다. 왜냐하면 설교란 사람들에게 말하는 것인 반면 기도란 하나님께 말하는 것이기 때문입니다."

1) 설교자가 갖춰야 할 요건

로이드 존스는 설교자가 갖춰야 할 요건에 대해 네 가지로 설명했다.
첫째, 한 책의 사람이 되라. 웨슬리도 한 책의 사람으로 성경에 전적으로 매여 있었다. 설교자는 한 책의 사람이 되어야 한다. 성경을 조직적으로 읽고, 성경 말씀대로 살도록 한다. 설교자는 영적 불황(Spiritual Depression)을 극복해야 한다.
둘째, 기도의 사람이 되라. 기도는 설교자에게 중차대한 일이다. 위대한 사람들은 모두 기도의 사람들이었다. 기도 없는 설교는 능력이 없다. 기도하는 설교자만이 하나님의 손을 움직일 수 있다. 알렉스(Alex Whyte)는 "기도란 하나님의 주권 아래 있는 자유로운 의지를 사용하도록 하는 것이다"라고 말했다.

셋째, 준비의 사람이 되라. 영적인 일에는 휴일이 없다. 준비 과정을 즐기면서 연구를 계속해야 한다. 설교자는 설교하면서 배우고 성장한다. 설교를 많이 하는 설교자가 좋은 설교를 할 수 있다.

넷째, 독서의 사람이 되라. 좋은 책을 많이 읽음으로써 지식과 지혜를 넓혀야 한다.

2) 설교와 독서

좋은 책을 많이 읽기 위해서는 다음의 네 가지 태도가 있다.

첫째, 온 세상을 향해 마음을 열어야 한다. 무엇이 보이는가? 무엇이 들리는가? 무엇을 느끼는가? 예수님의 비유와 메시지도 대부분 생활 속 이야기들이다. 설교자는 세상살이에 관심이 있어야 한다.

둘째, 긍정적 생각을 가져야 한다. 좋은 설교자는 긍정적인 생각을 갖고 있다. 긍정적 생각이 얼마나 힘이 있는지 보여주는 사례가 있다.

달리기에서 4분 내에 1마일(1.6km)을 돌파한다는 것은 불가능한 기록으로 여겨졌다. 많은 선수들은 1마일의 벽은 4분이라고 믿었고, 4분벽은 깨지지 않았다. 세계 50개의 의학저널이 이 이론을 지지했고, 전문가(?)들도 거기까지가 신이 인간에게 준 한계라고 동조했다. 그 이상을 달성하다가는 인간의 폐와 심장이 파열될 것이라고 주장했다.

그런데 세계 최초로 이 1마일의 4분벽을 깬 사람이 있다. 그가 바로 영국 옥스퍼드 대학의 아주 평범한 의대생인 로저 배니스터(Roger Bannister, 1929~)였다. 그는 아마추어 육상선수에 불과했다. 사람들은 그가 1마일을 4분 내에 들어온다는 것은 무모한 도전이라며 비웃었다. 1952년 헬싱키 올림픽 1,500미터에서 25세의 로저 배니스터는 1마일 경주의 출발선에 섰다. 그는 4분의 1마일 트랙을 60초 안에 돌아야만 했다. 그렇게 돌다가 심장이 터질

지도 모를 일이었지만 그는 죽기를 각오하고 네 바퀴를 돌아 마침내 결승점으로 들어왔다. 그는 의식을 잃었고 격심한 고통으로 쓰러졌다. 산소 부족으로 온몸의 기관이 작동을 멈추는 듯했다. 그리고 1마일을 3분 59초 4로 주파해냈다. 마의 '1마일 4분벽'이 깨진 것이다.

그 후 계속해서 마의 4분벽을 깨는 선수들이 나오기 시작했다. 일 년 뒤엔 37명이 4분벽을 넘었고, 2년 뒤엔 300명이 되었다. 도대체 어떻게 된 것일까? 로저 배니스터라는 한 젊은이가 마의 4분벽을 깬 것이 계기가 되어 그 후 많은 사람들이 '나도 할 수 있다'는 자신감을 갖고 도전한 것이다. 로저 배니스터는 뒤에 유명한 신경과 의사가 되었고, 명예기사 작위를 받았으며, 옥스퍼드 대학 펨브룩 칼리지의 학장이 되었다.

셋째, 좋은 책을 읽기 위해서는 책을 선별해서 읽어야 한다. 아무 책이나 읽지 말고 나를 지지하는 책, 내 등을 밀어 달릴 수 있도록 도와주는 책, 최소한 나와 함께 나란히 할 수 있는 책, 지금 하고 있는 일을 잘할 수 있도록 돕는 책을 읽어야 한다. 지나가 버린 꿈을 회상케 하는 책보다는 현재의 삶에서 승리할 수 있도록 돕는 책, 내가 속한 공동체의 정체성을 발견하고 공헌하도록 도와주는 책을 읽어야 한다. 열정적으로 일해야 하는 현장 사역자가 조용한 영성 관련 책만 읽으면 도움이 안 된다. 책으로 브레이크에 걸리지 않게 해야 한다.

넷째, 연결 고리를 따라가라. 하나의 소재를 찾았을 때 연결고리를 따라가면 풍성한 자료를 확보할 수 있다. 관계 있는 책, 인물, 사건들을 수집해서 설교에 사용하도록 하라. 아프레드 깁스(Alfred P. Gibbs)는 *The Preacher and His Preaching*(설교자와 그의 설교)라는 책에서 설교자의 자격에 대해 다음과 같이 말했다.

(1) 설교자는 거듭난 사람이어야 한다.

(2) 설교자는 주 예수님을 사랑하는 사람이어야 한다.

(3) 설교자는 영혼을 사랑하는 사람이어야 한다.

(4) 설교자는 성경을 끊임없이 탐구하는 사람이어야 한다.

(5) 설교자는 기도의 사람이어야 한다.

(6) 설교자는 삶이 청결한 사람이어야 한다.

(7) 설교자는 사역에 적합한 사람(영적, 정신적, 육체적, 교육적)이어야 한다.

성령이 나타나시는 설교가 되기 위하여
– 데니스 레인의 설교를 중심으로

데니스 레인(Denis J. V. Lane)은 영국 런던 태생의 변호사였다. 성공회 신학교(St. John's College)에서 신학을 공부한 뒤 런던 남동부의 한 교회에서 사역을 시작하여 캠브리지에서 3년 간 사역을 하였다. 그는 강해 설교가 생소한 1980년대에 강해 설교 세미나로 약 15년 간 한국교회를 묵묵히 섬긴 설교의 대가이기도 하다. 한국교회의 많은 목회자들이 그의 세미나를 통해서 하나님의 말씀을 바로 강해하고 말씀에 충실하면서도 적용이 있는 설교를 할 수 있게 되었다.

데니스 레인은, 설교자는 성령에 의지해야 함을 힘 있게 강조했다. "이는 우리 복음이 너희에게 말로만 이른 것이 아니라 또한 능력과 성령과 큰 확신으로 된 것임이라 우리가 너희 가운데서 너희를 위하여 어떤 사람이 된 것은 너희가 아는 바와 같으니라"(살전 1:5). 설교가 '능력과 성령과 큰 확신'으로 전달되지 않는다면 시간만 낭비할 뿐이다. 무수한 생명이 변화하는 것을 보기 위하여 설교자는 성령에 의지하여 설교해야 한다.

그는 자신의 「강해 설교」라는 책에서 설교자는 오직 성령을 의지해야 함을 거듭 강조하였다. 첫째, 설교를 준비할 때는 진리를 깨달을 수 있도록 성령을 의지하라. 둘째, 설교하기 직전에는 설교자의 영이 힘을 받도록 성령을 의지하라. 셋째, 설교하는 동안에는 회중의 마음이 열리도록 성령을 의지하라.

1) 설교 전의 기도

설교자는 설교를 준비하면서 구체적으로 기도해야 한다. 설교를 준비할 때 본문 관찰과 개요 구성은 무엇보다 중요하므로 본문을 놓고 집중해서 기도하는 시간을 반드시 가져야 한다. 경험에 따르면, 설교는 기도하는 시간에 준비된다. 안정감 있는 설교는 기도 시간과 비례한다.

"형제들아 내가 너희에게 나아가 하나님의 증거를 전할 때에 말과 지혜의 아름다운 것으로 아니하였나니 내가 너희 중에서 예수 그리스도와 그가 십자가에 못 박히신 것 외에는 아무 것도 알지 아니하기로 작정하였음이라 내가 너희 가운데 거할 때에 약하고 두려워하고 심히 떨었노라 내 말과 내 전도함이 설득력 있는 지혜의 말로 하지 아니하고 다만 성령의 나타나심과 능력으로 하여 너희 믿음이 사람의 지혜에 있지 아니하고 다만 하나님의 능력에 있게 하려 하였노라."(고전 2:1-5).

바울은 설교할 때마다 성령의 나타나심을 갈망했다. 설교 내용에만 집착하면 긴장되거나 너무 급하게 설교하여 성령의 나타남이 없다. 충분히 준비했다면 설교 시작 전에는 성령님을 의지하면서 기도를 즐겨야 한다. 일단 시작하면 성령께서 기억나게 하실 것이다. 설교 1시간 전부터는 대화도 절제하고 가능한 조용히 기도하면서 내 영혼이 강건하도록 준비하라. 설교자 스스로 성령님을 의지하는 기도를 계속하는 것이 더 힘이 있다.

마라톤, 수영 등의 운동경기에는 '테이퍼'(Taper)라는 것이 있다. 테이퍼란

경기 시작 1~2주 전부터 훈련량을 줄이는 것인데, 중요한 대회일수록 몇 달 동안 충분히 연습하고, 경기일이 다가오면 오히려 훈련을 줄여야 더 좋은 결과가 나온다. 테이퍼를 해야 하는 이유는 '긴장을 풀기' 위해서다. 경기에서 승리하기 위해서 경기가 있기 몇 주 전부터 운동량을 줄여가며 쉬게 하는 것이다.

하나님의 말씀을 전하는 설교자는 마라톤 선수보다 더 철저하게 테이퍼를 적용해야 한다. 이유는 설교를 잘하기 위해서인데 이 테이퍼 하는 방법이 곧 기도 시간을 갖는 것이다. 수영과 마라톤, 축구, 골프 등 모든 경기는 시작 5분과 마침 5분이 중요하다. 설교자 역시 자신의 컨디션과 건강관리를 잘 해야 한다. 힘이 달리고 피곤하면 좋은 설교를 할 수 없다.

2) 설교 중의 기도

준비된 설교가 잘 전달되도록 하려면 기도해야 한다. 더 많은 시간을 설교 준비와 기도에 힘쓰면 천부의 자질을 훨씬 더 효과적으로 발휘할 수 있다. 쌍방 커뮤니케이션이 이루어지도록 기도하며, 설교자의 마음이 뜨겁고 열정적으로 증거할 수 있도록 힘을 달라고 기도하라. 자신감과 확신을 갖고 전하는 설교자가 되기 위해 성령을 의지해야 한다. 그리고 회중의 삶에 변화와 성장이 일어나도록, 청중에게 말씀의 주제가 정확하게 전달되도록 성령께 의탁하라. 예수님처럼 말씀의 권위가 일어나도록 기도하라. 놀라운 설교는 설교자의 기도 영성에서 나온다.

3) 설교 후의 기도

설교자는 설교 후 통성기도로 그 내용을 마음에 심도록 해야 한다. 회중은 설교를 듣는 즉시 잊어버리기 쉽다. 그러므로 마음에 심는 작업이 필요한데, 그것이 바로 말씀을 붙잡고 통성기도하게 하는 것이다. 또한 주일낮 설교 내용을 갖고 한 주간 동안 계속 기도하여 성도들에게 기억시켜야 한다. 설교를 위해 기도하는 그 시간부터 하나님의 승리가 임할 것이다. 50분 설교하면 50분 기도하고, 1시간 30분 강의하면 1시간 30분 기도하라. 그러면 분명히 성령의 역사가 나타난다. 성도들이 들은 말씀대로 세상에 나가 행하는 사람이 되도록 기도한다. 설교는 설교자의 뜨거운 영성에서 신령한 꼴이 나온다. 말씀을 과장하거나 잘못 전달하지 않고 정확한 하나님의 말씀이 역사하도록 기도하라. 설교를 위해 먼저 기도하는 그 시간부터 하나님의 승리가 임할 것이다.

하나님께 강하게 쓰임 받는 설교자가 되기 위하여
- E. M. 바운즈의 설교를 중심으로

E. M. 바운즈(Edward McKendree Bounds)는 24살 때까지 변호사로 일하다가 다소 갑작스럽게 선교사의 소명을 느끼고 부르심에 응하였다. 그는 성경을 열심히 읽었고, 존 웨슬리의 설교를 좋아했으며, 몬티첼로라는 마을의 교회에서 설교를 시작하였다. 그는 남북전쟁 당시 군목으로 복무하였고, 전쟁이 끝난 뒤에는 감리교 목사로 목회하였다. 그는 감리교의 잡지와 신문을 편집하기도 했다. 1894년 내쉬빌에서 은퇴한 후, 19년의 여생을 도고와 집필, 순회 부흥 사역의 일을 했으며, 1913년에 소천하였다. 설득력 있는 작가요, 깊은 사상가인 그는 마지막 19년을 읽고 쓰고 기도하는 데 보냈다.

그는 수년 동안 매일 새벽 4시에 일어나 3시간씩 기도를 하고 하루를 시작했다. 그리고 지칠 줄 모르고 성경 연구에도 정진하였다. 그는 간절한 기도 없이는 설교를 수락하지 않았다. 그의 생애 중 마지막 10년 동안 단지 몇 차례의 집회만을 수락했는데, 그 이유는 하나님이 매일 그를 기도로 부르고 계심을 느꼈기 때문이다. 일생 동안 설교와 기도, 그리고 저술을 통해 수많은 영혼을 뜨겁게 타오르게 했던 그는 진정 기도의 사람이었다.

그는 「설교자와 기도」라는 책에서 그가 죽기 전 그의 한 친구에게 다음과 같은 편지를 썼다. "더욱더 기도하게. 아무리 기도를 많이 해도 지나치다고 할 수 없다네. 기도를 너무 조금 한다고 말할 수는 있겠지. 마귀는 자네에게 '잠자리에 들 때니 그만 자고, 아침에 조금만 기도하는 보통 수준의 기도 생활을 하게끔' 타협할 것이네. 만일 이보다 더 나은 기도 생활을 하지 않는다면 지옥은 그런 사람들로 가득 찰 것이라네."

설교자는 생명을 주는 사람이기에 기도해야 한다. 기도를 해야만 하나님의 복음을 올바로 전할 수 있다. 기도를 통해야 한 사람을 살리며 또한 사람을 세울 수 있다. 그러므로 기도에 대한 훈련과 기도를 통한 성령의 능력을 늘 경험하는 설교자가 되어야 한다.

그는 「기도의 무장」(The Weapon of prayer)이라는 책에서 하나님은 사람을 통해 일하신다고 말한다. 기도는 하나님을, 천사를, 사람을 일하게 만든다. 하나님께서는 기도에 응답하시기 위해 모든 사건을 조정하시며 모든 조건을 통제하시며 또한 모든 것을 창조하신다. "설교자가 갖추어야 할 모든 것 중에서 가장 뛰어난 것은 기도이다. 다른 모든 일을 하기 전에 설교자는 먼저 기도의 전문가가 되어야 한다. 기도 없는 설교자는 자기의 소명을 잘못 받았든지 아니면 그를 목회자로 부르신 하나님께서 크게 실수하셨든지 둘 중 하나이다." 그는 말하길, 거룩은 오직 은밀한 기도를 통해서만 얻어진다고 했다. 설교자는 하나님 앞에 무릎을 꿇고 배우는 기도학교에 들어가야 한다.

1) 기도는 설교자의 무기이다.

"기도는 간청하는 사람의 언어이다. 그것은 구걸자의 음성이며, 가난에 대한 의식이며 다른 사람의 도움을 구하는 것이다. 그것은 단지 결핍의 언어일 뿐 아니라 '깨달아진 결핍'의 언어이며 실현될 것을 알고 있는 결핍의 언어이다." 기도는 죄의 생활을 분쇄해 버리지만, 죄의 생활은 기도를 망가뜨린다. 기도로 설교하는 사람만이 하나님의 심장을 갖고 두려움으로 설교할 것이다.

「설교의 능력은 기도에 있다」에서 말하길, 설교와 기도의 관계는 동전의 양면과도 같다! 기도 없는 설교는 설교의 진정한 능력을 잃어버린다. 연구 없는 설교도 문제이지만, 기도 없는 설교 또한 문제이다.

2) 기도 없는 설교가 영혼을 죽인다.

기도하지 않는 설교자는 생명이 아니라 죽음을 만든다. 기도에 연약한 설교자는 생명을 주는 힘이 약하다. 설교자들이 직업적인 기도는 하겠지만 그것 가지고는 설교자뿐 아니라 설교를 듣는 모든 이들의 영혼을 살릴 수 없다.

3) 설교자는 기도에 탁월한 사람이어야 한다.

스펄전은 "당연히 설교자는 기도의 사람으로서 다른 어떤 사람보다 뛰어나야 한다. 그는 일반 그리스도인보다 더 기도해야 한다"고 말하였다. 설교자는 연구나 목회적인 임무 때문에 기도의 골방을 내어주어서는 안 된다. "기도의 가치는 귀하다. 기도는 어떤 것보다 귀중하다. 결코 그것을 무시하

지 말라."(토마스 벅스톤 경) "기도는 목회자에게 필요한 첫 번째 일이요, 두
번째 일이요, 세 번째 일이다.

그러므로 내 사랑하는 형제여, 기도하라. 기도하라. 기도하라"(에드워드
페이슨).

4) 골방의 능력이 강단의 능력이다.

불이 점화되기 전에 엔진이 움직이지 않듯 기도의 불이 붙지 않는 한 설
교의 능력은 결코 나타나지 않는다. 기도의 열정이 설교의 열정이다. 목회
의 성공은 기도에 있다. "나의 메마름과 열매 없음의 주된 원인은 말할 수
없는 기도의 퇴보 때문이다. 내가 자유로운 마음으로 기도할 수 있을 때 다
른 모든 일은 비교적 수월하게 이루어졌다"(리차드 뉴톤). 설교는 기도의 결
과여야 하며, 연구는 기도에 잠겨야 하고, 목회자들의 모든 의무는 기도를
통해 잉태되어야 하며, 그 모든 정신은 기도의 정신이어야 한다. 많이 기도
하지 않고 성공하는 목회란 일을 수 없다. 기도는 목회의 필수요, 더 늘려
야 할 일이다.

많은 시간을 하나님과 함께 보내기 위해 아침 일찍 일어나 하나님을 찾
으라. 찰스 시므온은 아침 4시부터 8시까지 기도했다. 웨슬리는 아침 4시
부터 두 시간을 기도했다. 존 플래처는 밤이 새도록 기도했고, 마르틴 루터
는 매일 두 시간씩 기도하였다. 레이튼 주교는 "기도와 찬양이 나의 일이며
기쁨이다"라고 말하였다.

5) 하나님께 헌신된 설교자가 필요하다

기도는 헌신의 통로요 헌신의 창조자이다. 헌신된 영은 기도의 영이다.

헌신 없는 진정한 기도란 있을 수 없고, 기도 없는 진정한 헌신도 있을 수 없다. 인디안 선교의 기초를 놓은 브레이너드는 능력있는 기도의 사람이었다. 준비된 마음이 준비된 설교를 낳는다. 설교의 능력은 위로부터 부어지는 기름 부으심에 있다. 설교자는 항상 기도를 최우선 순위에 놓아야 한다.

웨슬리는 이렇게 말했다. "죄만을 두려워하고, 하나님만을 갈망하는 설교자 백 명을 내게 달라. 그들이 목회자이든 평신도이든 상관없다. 그런 사람들만이 지옥문을 뒤흔들며 땅 위에 하늘나라를 세울 것이다. 하나님께서는 기도의 응답이 아니고는 아무 일도 하지 않으실 것이다."

크리소스톰은 바울에 대해 평하길 "그는 3규빗의 키로서 하늘에 닿았다"고 말했다. 영적 거인이라는 뜻이다. 바울 서신의 교훈과 책망과 바르게 함, 모두 기도로 시작하고 기도로 마치고 있다. "이 세상이 꿈꾸는 것보다 더 많은 것들이 기도로 이루어진다. 그러므로 네 목소리를 분수처럼 높여 나를 위해 밤낮 기도하라. 사람이 만일 하나님을 알고도 자신의 손을 들고서 자신과 자신의 친구라 부르는 자들을 위해 기도하지 않는다면 맹목적으로 자신을 먹이는 양이나 염소보다 더 나을게 무엇인가?"(Tennyson).

"돌아가라! 오순절의 다락방으로 돌아가라. 돌아가서 무릎을 꿇어라. 그리고 마음과 습관, 사상과 생활을 회복하라. 주의 성령께서 영혼에 빛을 가득 채우고 위로부터의 능력을 부어 주실 때까지 간청하고 기도하며 기다리던 때로 돌아가라. 그런 뒤에 오순절의 능력을 얻고 그리스도의 생활대로 살며 그리스도의 사역을 수행하라. 너의 매일의 생활은 성령 안에서 기적을 낳게 될 것이다"(사무엘 채드윅).

헨리 마틴이라는 사역자는 "개인적인 말씀 연구의 결핍과 끊임없는 설교로 인한 기도의 부족이 하나님과 나의 영혼 사이를 매우 어색하게 만들었다"고 탄식했다.

핫지 목사는 "만일 베드로, 야고보, 요한이 깨어 있어야 할 겟세마네 시간에 깨어 있었다면, 몇 년 후 야고보는 참수형에서 구원을 받았을 것이며, 베드로는 대제사장 가야바의 집 뜰에서 그 밤에 그리스도를 부인하지 않았을 것이다."

그렇다. 설교는 기도의 무릎을 통해서 작성되고 선포되어야 강력한 능력의 설교를 할 수 있다. 기도하는 만큼 설교는 강력한 파워가 될 것이다.

– 삶의 변화

설교는 삶의 변화를 지향한다. 삶의 변화는 모든 사역의 목표이며, 특히 설교하는 바로 그 순간의 목표이다. 설교는 역사의 한순간을 살아가는 사람들을 향하여 하나님의 말씀을 선포하는 일이다. 그러므로 설교자는 강단에 설 때 하나님께서 사람에게 말씀하시는 것처럼 우리에게 주신 메시지로 청중의 삶을 변화시킬 것이라는 영적인 확신을 가져야 한다.

설교의 능력은 어디서 오는가?(3)
- 삶의 변화(사도행전 2:14-41)

최이우_종교교회

예수 그리스도를 나의 주 나의 하나님으로 영접하여 하나님의 자녀로 거듭난 지 40년이 되었다. 돌이켜보면 하나님은 넘치는 은혜와 사랑으로 나를 당신의 자녀로 우대해 주셨으므로 모든 면에서 부족함이 없었다. 특히 목회자로 살아온 31년은 기적의 연속이었다. 1977년 4월 1일 작은 시골 교회 담임자로 시작하여 군목, 부목사, 개척교회 담임에 이어 역사 깊은 교회의 담임자로 일하기까지 어느 한순간도 하나님은 소홀히 하신 적이 없다.

어느 날, 내 자녀를 향한 내 마음이 얼마나 간절한지를 경험하면서 나를 향하신 하나님의 마음을 헤아리게 되었다. 별로 깊이 생각하지 않고 "독생자를 주시기까지 나를 사랑하신 하나님"을 말해 온 것 같아 하나님 앞에 송구스럽다. 그 사랑이 얼마나 큰 것인데 그렇게 쉽게 표현해 왔다니! 하나님의 사랑을 너무나도 당연한 것으로만 받아들인 것만 같아 부끄럽다.

내 신앙의 삶에서 설교는 이제 나의 삶의 전부이다. 나의 설교 역사는 1969년부터 시작되었다. 우리 집안에서는 내가 기독교인 1호이기 때문에 예수님을 영접한 1968년이 지난 그 다음해부터 우리 집에서 행해 온 조상

제사를 추도예배로 바꾸었다. 내 신앙에서 충격적인 체험을 한 것이 1969년 1월 돌아가신 아버지 제사였기 때문에, 그해부터 내가 직접 추도예배를 인도하면서 자연스럽게 설교를 시작한 것이다. 당시에는 추도예배라고 해도 목사님을 모신다는 생각은 전혀 할 줄 몰랐고, 설령 알았다고 해도 이제 금방 신앙생활을 시작한 고등학교 2학년 학생이 목사님께 추도예배를 인도해 달라고 할 수도 없었다. 만약 용감하게 목사님께 요청을 드렸다면 어땠을까? 글쎄, 선뜻 응해 주셨을지 잘 모르겠다.

어떻든 이렇게 해서 나의 설교사역은 가정목회에서부터 시작이 된 셈이다. 이 사역은 우리 집에서 끝나지 않고, 내가 제일 먼저 전도하여 예수 믿게 된 결혼한 작은누나 집에서까지 이어졌다. 평소의 추도예배는 물론 다 인도했지만, 문제는 명절날이었다. 우리 집에서 1부 예배를 인도하고, 한참 떨어진 곳에 사는 누님 댁까지 가서 2부 예배를 인도해야 했기 때문이다. 그 후 교회학교 어린이부 주일 설교를 신학교도 들어가기 전부터 하기 시작했으며, 신학교 시절에는 성인 가정심방을 계속했다.

40년 목회사역에서 설교와 관계된 잊을 수 없는 기억들이 축적되어 있다. 처음 목회를 시작할 때부터 100% 설교 원고를 작성하는 것을 원칙으로 해 온 것은, 올바르고 좋은 방법임을 알았다기보다 그렇게 하지 않으면 안 된다는 강박관념 때문이었다. 그래서 지금도 설교 원고를 작성하지 않으면 불안하여 계속해서 원고를 쓰다 보니 잘 쓰지도 못하는 설교 원고가 여기저기 많이 쌓여 있다.

1977년 첫 사역지에서 열심히 목회를 하고 있던 어느 날, 서울에서 목회를 하는 선배 목사님이 주일저녁예배 설교에 초청하셨다. 나는 기회라는 생각이 들어 정말 잘해 보고 싶었다. 그래서 그 주일에 전한 설교가 아닌 새로운 설교를 준비하여 가기로 마음을 먹었다. 그러나 그것이 어디 뜻대로 되는 일인가? 주일 설교 하나를 준비하는 데도 항상 쩔쩔매는 주제에 주일낮예배를 끝내자마자 또 다른 설교를 준비한다는 것은 애당초 불가능한 일이었다. 그러나 용감하게 설교 본문을 정하여 미리 보내 놓았으니 어쩌랴! 부득불 주일낮예배를 마치고 그날 저녁 설교를 준비하게 되었다. 그러나 그게 어디 쉬운 일인가! 더욱이 그것도 서울! 선배 목사님이 섬기시는 교회! 집에서 최소한 3시간은 잡아야 늦지 않게 도착할 수 있는 거리였으니 애초부터 이것은 불가능한 일이었다.

그 날의 설교 본문은 기억이 나지 않지만 제목은 잊을 수가 없다. "일사각오(一死覺悟)"였다. 물론 내가 좋아하는 주기철 목사님의 마지막 설교 제목이다. 이제 막 목회를 시작한 신출내기 목사인 내가 불과 2시간 만에 설교를 준비한다는 것은 시간적으로 절대 불가능하였다. 나는 꽤 여러 해 동안 그 일이 마음에 걸려 내 목회에서 그 날은 지워 버리고 싶은 날이었다. 그러나 이 경험은 내 목회에서 설교 준비에 대한 아주 강한 강박관념을 심어 놓았다.

내 설교에서 결정적인 변화의 동기는 1976년 가을이었다. 나는 군사 정권에 저항하는 시위 주동자였다는 이유로 1년 간 정학 처분을 받고 4학년 2학기에 학교로 돌아올 수 있었다. 그때 광림교회 김선도 목사님이 가르치는 '목회임상학'을 배우면서 '긍정적 사고의 힘'에 접하게 되었다. 이것은 나에게 신선한 충격을 주었다. 김 목사님은 로버트 슐러의 목회를 소개하면서 목회자는 마땅히 긍정의 사고자(思考者)여야 함을 강조하였다. 이때부터 김선도 목사님을 배우기로 결심하고, 그 과목을 열심히 공부하여 에이플러스(A+) 학점을 취득하였다.

나는 김선도 목사님의 설교집은 문장을 다 외울 정도로 철저히 독파하여 내 설교 작성에도 인용하곤 하였다. 나는 군목을 마치면서 광림교회 부목사로 5년 4개월을 섬기면서 훈련을 받았다. 그러면서 대학원 석사과정에서 "1970년대 이후 급성장한 한국교회 설교 연구"라는 논문을 썼고, "설교의 이야기 활용에 관한 연구"로 학위를 받았다. 그리고 2005년 2학기에 호서대학교 연합신학전문대학원에서 "김선도 목회신학 강좌: 21세기 목회의 새 패러다임-김선도 감독과 광림교회 목회를 중심으로-" 강의하는 기회도 가졌다.

설교는 변화를 지향한다. 그동안 설교에서 가장 중요한 것은 '삶의 변화'라고 생각해 왔다. 설교는 우리 삶이 변화하는 데 가장 직접적인 영향을 미친다. 내 삶의 중요한 결정과 변화는 다 하나님의 말씀의 선포에 대한 응답으로부터 빚어졌기 때문이다. 내가 하나님의 자녀로서 새로운 신분을 얻은 것은 하나님의 말씀의 약속을 믿은 결과였다. 모든 죄를 용서받아 의롭다는 인정을 받은 것도, 삶을 예수님께 드리는 헌신도, 기도 응답을 믿고 기도의 삶을 살아온 것도 다 하나님의 말씀을 들음으로 이루어진 결과이다. 내 삶의 승리는 하나님의 말씀을 들음으로 주어진 은혜의 선물이다.

설교는 삶의 변화를 지향한다. 이것 외에 설교를 하는 다른 이유는 없다. 삶의 변화는 모든 사역의 목표이며, 특히 설교하는 바로 그 순간의 목표이다. 설교는 역사의 한순간을 살아가는 사람들을 향하여 하나님의 말씀을 선포하는 일이다. 그러므로 설교자는 강단에 설 때 하나님께서 사람에게 말씀하시는 것처럼 우리에게 주신 메시지로 청중의 삶을 변화시킬 것이라는 영적인 확신을 가져야 한다.

사람들이 예수 그리스도의 말씀을 들으면서 일어난 변화에 놀랍게 응답하였다. "저희가 가버나움에 들어가니라 예수께서 곧 안식에 회당에 들어가 가르치시매 뭇 사람이 그의 교훈에 놀라니 이는 그의 가르치시는 것이

권세 있는 자와 같고 서기관들과 같지 아니함일러라…다 놀라 서로 물어 가로되 이는 어찜이뇨 권세 있는 큰 교훈이로다 더러운 귀신들을 명한 즉 순종하는도다 하는지라"(막 1:21, 22, 27).

삶의 변화를 가져오게 하는 설교는 어떠해야 할까?

1. 복음적이어야 한다.

기독교의 복음과 유대교의 율법의 차이는 현저하다. 복음은 하나님이 예수 그리스도를 통해 나를 위하여 행하신 일을 믿음으로 일어나는 구원과 변화이다. 율법은 구원과 변화를 위하여 하나님의 말씀을 지키기 위한 사람의 책임적인 삶을 가르친다.

1) 복음은 하나님 말씀 그 자체이다.

삶을 변화시키는 것은 하나님의 기록된 말씀 그 자체이다. 최근에 영문으로 발행된 「조용기 목사 희망 목회 50년」(Dr. David Yonggi CHO 'Ministering Hope for 50 years')이라는 책을 읽었다. 이 책의 첫 부분은 "한 병든 십대 소년이 예수를 만나다"로 시작하고 있었다. 조 목사는 17세 때 폐결핵으로 3-4개월밖에 살 수 없다는 의사의 사형선고를 받고 절망의 나날을 지내던 어느 날, 그의 집을 찾아온 자기 또래의 한 여고생으로부터 전도를 받는다. 날마다 찾아와 전도하는 여고생의 전도에 감동을 받은 그는 예수를 믿기로 결심하였다. 그 여고생은 그에게 성경책을 주면서 말하기를 "이 책을 읽으면 네가 하나님을 만나게 될 것이고, 너의 병도 확실히 낫게 될 것"이라고 했다. 그는 성경책을 읽으면서 말씀을 통해 자신이 하나님의 자녀로 거듭나게 된 것과 자신의 병이 고침을 받을 수 있다는 확신을 갖게 되었다고 적었다. "I will be able to live, if Jesus cures me! In fact, I do believe Jesus will be able to heal me."

성경은 말씀 자체로서 능력을 가지고 있다. 성경은 지금까지 수많은 사람들의 삶을 변화시킨 놀라운 책이다. "인간을 변화시키는 성경의 능력은 세기가 지나도 변하지 않는다. 성경은 불신을 믿음으로, 절망을 소망으로, 그리고 슬픔을 기쁨으로 변화시켜 준다. 성경 말씀은 죄인에게 죄 사함을 주고, 길 잃은 자에게 빛이 되어 주며, 쫓기는 자에게는 피난처가 되어 주고, 그리고 죽어가는 자에게는 위로와 희망을 준다. 성경은 개인을 변화시키고, 국가를 변화시켰다.…… 성경은 사람의 생명을 변화시키기 때문에 성경 말씀을 증거하는 설교자의 역할은 매우 중요하다"(홍영기, 「설교의 기술」, 95쪽).

설교에서 성경을 인용할 때는 정확하게 해야 한다. 굳이 인용한 성경구절을 설명하지 않아도 말씀 자체에 생명력이 있기 때문에 충분히 변화를 일으킬 수 있다(히 4:12). 설교의 황제라 불리는 찰스 스펄전은 성경에 대하여 철저한 확신을 가지고 있었다. "우리가 부흥을 원한다면 먼저 성경에 대한 존경심을 회복해야 한다." 독일의 설교학자 루돌프 보렌은 말했다. "오늘날 설교자는 많으나, 말씀은 적다. 설교자는 먼저 말씀 속에서 하나님의 음성을 듣는 기쁨을 가져야 한다."

칼 바르트는 성경을 "기록된 하나님의 말씀"(Written Word)이라고 하면서 그 핵심에는 예수 그리스도가 있음을 설파했다. 바르트는 자신의 책상 앞에 그림 한 장을 걸어 놓고 설교를 준비할 때마다 그 그림을 보았다고 한다. 그 그림은 1515년에 독일 화가 '마티아스 그뤼네발트'(1475-1528)가 프랑스의 '이젠하임'교회 강단의 나무 벽에 그린 것으로 머리에 가시 면류관을 쓰신 십자가 위의 예수님이 고개를 숙이고 있었다. 그림 오른쪽 부분에는 세례 요한이 한 손엔 책을 들고 한 손 검지로는 예수님을 가리키고 있는데, 손가락 끝부분과 그의 입술 사이에 라틴어로 요한복음 3장 30절을 써 놓았다. "그는 흥하여야 하겠고, 나는 쇠하여야 하리라."

설교의 홍수 시대에 혹시 설교자가 설교의 기교를 중요시하다가 정작 생수의 근원인 성경을 소홀히 하여, 꼭 들어야 할 하나님의 음성을 듣지 못하는 불상사가 일어나지 않아야 한다. 설교의 영원한 텍스트는 오직 성경이다. 마르틴 루터의 종교개혁 사상의 중심에도 '오직 성경'이 있었고, 요한 웨슬리의 신앙의 핵심에도 성경이 있었다. "나로 한 책의 사람이 되게 하소서."

성서는 영원히 변하지 않는 기록된 하나님의 말씀이다. 말씀은 살아 있는 생명력이 있어 사람을 변화시킨다. 따라서 이 말씀을 읽어 주는 것만으로도 강력한 변화의 역사가 일어난다. 1997년 12월, 나는 하나님의 말씀이 내 삶의 생명이며 능력임을 경험하였다. 개척하여 섬기던 교회에서 10년이 되었을 때, 나는 교회 중진 임원들과 목회적인 갈등을 겪으며 힘들어하고 있었다. 나는 내 자신의 교만을 내려놓고 금식하며 철야하면서 기도하는 중에 출애굽기 14장 14절 말씀이 가슴에 와 박히는 걸 느꼈다. "여호와께서 너희를 위하여 싸우시리니, 너희는 가만히 있을지니라." 이 말씀이 내 기도의 응답이었고, 문제 해결의 능력이 되었다. 내 작은 생각과 부질없는 노력보다 하나님의 말씀의 능력이 위대하다는 사실을 경험하게 하신 것이다.

2) 복음은 예수 그리스도 자신이다.

복음은 예수 그리스도를 통하여 하나님께서 나를 위하여 행하신 일이 무엇인가, 그가 나를 어떤 존재로 만드셨는가, 나는 그 은혜 안에서 무엇을 할 수 있는가를 통틀어 가리키는 말이다. 복음의 핵심에는 예수 그리스도의 십자가와 부활이 있다. "예수는 우리 범죄함을 위하여 내어줌이 되고 또한 우리를 의롭다 하심을 위하여 살아나셨느니라"(롬 4:25). 사도들 설교의 핵심에는 항상 이 복음이 있었다. 마르틴 루터는 말했다. "예수 그리스도가 없는 설교는 마치 아기 예수가 없는 구유와 같다."

설교에 복음 곧 예수 그리스도가 없을 수 있는가? 구약을 설교하거나 인물에 대한 설교를 들을 때, 복음의 행방을 찾기가 어려울 때가 있다. 성경대로 설교한다는 이유로 율법적인 가르침에 집중하는 유대교 랍비의 설교와 같다는 느낌이 드는 것이다. 성경의 인물들을 중심하여 설교할 때는 그 믿음의 인물을 성경의 주인공처럼 강조하는 동안 예수 그리스도 곧 복음은 흔적조차 찾을 수 없는 안타까운 장면이 연출된다. 심지어 신약성경, 특히 복음서를 설교하면서도 처음부터 끝까지 "~을 해야 합니다", "~은 하지 말아야 합니다"라는 식으로 하는 설교를 듣고 있노라면 내가 지금 복음을 듣고 있는 것인지, 신(neo)율법을 듣고 있는 것인지 애매할 때가 있다.

성경의 어느 부분을 설교하더라도 예수 그리스도가 중심이 되지 않는 설교는 사람을 변화시킬 수가 없다. 구원도 예수 그리스도만으로(행 4:12), 치유도 예수 그리스도만으로(행 3:16), 천국도 오직 예수 그리스도만으로(요 14:6), 기도의 응답도 예수 그리스도의 이름으로만(요 14:13, 14)이다. 그러므로 예수 없는 설교는 진정한 의미에서 감동도, 삶의 변화도 줄 수가 없다. 변화의 핵은 오직 예수 그리스도이시다.

2. 변화된 설교자이다.

1) 설교의 성공 여부는 근본적으로 '설교자'에게 달려 있다.

설교자와 설교를 듣는 회중 간에 가장 중요한 것은 신뢰이다. 설교자가 무슨 말을 어떻게 하느냐보다 더 중요한 것이 설교를 듣는 사람들이 그 설교자를 얼마나 신뢰하느냐는 것이다. 똑같은 말을 해도 누가 그 말을 했느냐에 따라 말의 효력은 전혀 다르게 나타난다. 이런 의미에서 설교는 설교자 자신이라고 할 수 있다.

19세기 성공회의 대표적인 설교자 필립 브룩스(Phillips Brooks)는 설교에 대하여 이렇게 말했다. "설교는 인격을 통하여 흘러넘치는 진리이다." "사역을 위한 준비는 단순히 어떤 기술을 연마하는 것이 아니며, 풍부한 지식을 갖추는 것만으로도 안 된다. 가장 필요한 것은 말씀 증거의 역량을 갖출 때까지 자신의 전 인격을 연마하는 것이다."

유명한 설교자 맥체인(McCheyne)은 말했다. "하나님이 축복하시는 것은 위대한 달란트가 아니라, 예수님을 닮아가려는 목회자의 인격이다. 거룩한 설교자는 하나님의 손안에 들린 무서운 무기이다."

2) 여왕벌과 일벌은 똑같은 알에서 태어난 유충이지만, 6일 동안 먹은 먹이에 따라 엄청난 차이가 생긴다.

벌은 부화 후 초반 3일 간은 모두 '로열젤리'를 먹으나, 후반 3일 동안 꽃가루와 꿀을 먹으면 일벌이 되고, 계속해서 로열젤리를 먹으면 여왕벌이 된다. 후반 3일 간의 먹이에 따라 상대적으로 몸집이 작고 45일밖에 살지 못하는 일벌이 되거나, 일벌에 비해 30배 이상 오래 살며 몸집도 2배 이상 크고 일생 동안 200만 개의 산란 능력을 갖는 경이적인 생명력을 가진 여왕벌이 되기도 하는 것이다.

그러면 로열젤리는 어떻게 만들어지는가? 성충이 된 일벌이 꽃가루와 꿀을 소화 흡수시켜서 머리의 인두 선에서 분비해 내는 물질이 바로 로열젤리이다. 로열젤리는 꿀벌의 입에서 토해낸 우유 상태의 물질, 즉 일종의 호르몬으로 여왕벌의 에너지원이다.

설교자가 습득한 자료들을 적당하게 정리해서 선포하는 설교를 꿀에 비유한다면, 설교자가 말씀을 받아들여 인격적으로 소화하고 선포하는 말씀은 로열젤리에 비유할 수 있다. 설교자의 설교를 듣는 사람들이 단순히 일벌과 같은 평범한 성도가 되는가, 아니면 이 땅 위에 하나님의 영광을 위하여 위대한 삶을 사는 여왕벌과 같은 인격자가 되느냐 하는 것은 설교자에게 달려 있다고 해도 과언이 아니다.

3) 설교자가 어떻게 변화되는가?

감리교의 창시자 요한 웨슬리를 예로 들면, 그는 1703년 성공회 사제였던 사무엘 웨슬리의 열다섯 번째 아들로 태어나 1723년 옥스퍼드 대학을 졸업하고 1728년 옥스퍼드 대학에서 튜더의 일을 하면서 동생이 세운 신성 클럽의 지도자가 되었다. 1735년 10월 21일 아메리카 조지아 선교사로 출발하여 2년 후 1737년 12월 사반나를 떠날 때까지 선교사로 일했다.

사반나를 떠난 후 웨슬리는 심한 영적인 번민을 계속하고 있었다. 그는 1738년 1월 24일 일기에 이렇게 적었다. "나는 아메리카로 인디언을 회개시키러 갔다. 오! 그런데 나를 회개시킬 사람은 누구란 말인가? 누가 무엇으로 이 불신앙적인 악한 마음에서 나를 구해 낼 것인가? 나는 맑은 여름 하늘의 종교를 가졌다. 나는 말을 잘 할 뿐만 아니라, 위험이 없는 동안에는 나 자신을 믿을 수 있었다. 그러나 죽음이 내 앞에 직면하게 될 때, 내 심령은 두려워 떨었다."

3월 4일 일기의 일부이다. "나는 '설교를 그만 두어라. 네 자신이 믿음이 없는데, 어떻게 다른 사람에게 설교할 수 있는가?' 하는 마음의 생각이 들어서 충격을 받았다. 그래서 나는 뷜러에게 내가 설교를 그만 해야 하는지, 더 해야 하는지에 대해 물었다. 그는 '그대가 믿음을 갖게 될 때까지 믿음에 관하여 설교하시오. 그리고 그 다음에는 그대가 얻은 믿음을 가지고 믿음에 대해 설교하시오.'라고 대답했다. 그래서 3월 6일 월요일에 내 영은 그 밑바닥에서 뒷걸음질하고 있었지만, 나는 이 새로운 교리에 대하여 설교하기 시작했다. 믿음으로만 얻게 되는 구원을 내가 처음으로 전한 사람은 사형 언도를 받은 한 죄수였다."

이와 같은 영적인 번민 속에서 그는 마침내 1738년 5월 24일 저녁 8시 45분 올더스게이트 작은 집회에서 중생을 체험하게 된다. "그가 그리스도 안에 있는 믿음을 통하여 하나님께서 마음에 변화를 일으키시는 일을 설명하고 있을 때, 나는 마음이 이상하게 뜨거워짐을 느꼈다. 나는 내가 그리스도를 신뢰하고 있다고 느꼈으며, 구원을 위해 다만 그리스도만 믿고 있음과 주께서 내 죄를, 아니 내 죄까지도 다 거두어 가시고 나를 죄와 사망의 법에서 건져 주셨다는 확신을 얻었다."

그리고 약 1년 후 그는 그의 동역자 '조지 휫필드'의 사역지 브리스톨에서 야외 설교 사역을 하는 중에 놀라운 경험을 거듭하면서 자신이 중생한 것을 현장에서 확인하게 된다. 그는 4월 2일에 3,000명에게, 4월 4일에는 1,500명에게, 4월 8일 아침에는 1,000명에게, 그 후에는 1만 5,000명에게 설교하였다. 이와 같은 일은 계속되었다. 지금까지 한번도 경험해 보지 못한 일이 일어난 것이다.

4) 무엇이 설교자에게 이와 같은 놀라운 일을 가능하게 했는가?

존 웨슬리를 보면 특별히 설교학을 공부한 것도 아니고, 특출 난 지도자에게 훈련을 받은 것도 아니다. 단지 성령의 체험을 통해서 자신이 구원받은 의인이라는 신앙적인 확신의 결과였다. 여기에 설교의 일관성이 있었고, 역동성이 있었다. 이것이 설교자가 절대적으로 성령에 충만해야 하는 이유이다. 설교자는 하나님 앞에 철저히 무릎을 꿇어야 한다.

크리스웰(W. A. Criswell) 목사는 55년 간의 설교를 통하여 다음과 같은 교훈을 얻었다. "당신의 아침 시간을 하나님께 드리라. 가장 잘 무릎을 꿇는 이가 가장 훌륭히 서는 자요, 가장 겸손하게 무릎을 꿇는 이가 가장 강하게 서는 자이며, 가장 오래 무릎을 꿇는 이가 가장 오래 서는 자이다."

3. 긍정의 힘이다.

설교자는 자신의 설교를 통해서 청중의 삶에 긍정의 에너지를 끌어내어 활기차게 할 수도 있고, 부정의 세력을 끌어내어 패배의식 속에 살게 할 수도 있다. 시험삼아, 두 사람에게 각각 긍정의 말과 부정의 말을 한 다음 하루가 지난 뒤 그들에게 그 말을 들은 기분이 어떠했는지, 또 생활에 어떤 변화가 있었는지 정직하게 물어보라. 첫 번째 사람에게는 "당신 혹시 무슨 고민거리가 있습니까? 얼굴이 몹시 어두워 보입니다"하고 말하고, 두 번째 사람에게는 "당신은 언제 보아도 얼굴이 항상 밝습니다. 무슨 좋은 일이 많은가 봅니다"하고 말해 보라. 당신은 설교를 통해서 성도들의 어떤 부분을 자극하여 주고 격려하여 주는가? 당신의 청중들은 어떤 사람으로 변화되기를 원하는가?

사람에게 긍정의 힘을 불러일으키는 일은 **1952년 노만 빈센트 필 목사의 책 「적극적인 사고방식」**에서 비롯되었다. 이 책은 50여 년 간 42개국으로 번역되어 2,200만 부 이상 판매된 베스트셀러이다. 그리고 전 세계적으로 1,600만 부를 발행하는 '가이드포스트' 지는 세계인의 정신사의 물꼬를 바꾸어 놓을 만큼 큰 영향력을 끼쳤다.

노만 빈센트 필에게 많은 영향을 받은 **로버트 슐러 목사**는 1926년에 태어나서 1955년 캘리포니아 가든 그로브에서 교회를 개척하면서 "하나님을 통해 위대한 일을 이룰 수 있다"고 설파하였다. 그의 책 「불가능은 없다」와 그의 "권능의 시간"이라는 방송은 세계인들의 마음을 흥분시키며 인생을 성공적으로 살아가도록 도왔다.

우리나라에서는 **조용기 목사가 긍정적 사고의 힘을, 김선도 목사가 적극적인 사고의 힘을 보여주었다.** 특히 김선도 목사는 1968년 미국 롱비치 선교연수원을 수료하고, 1969년 웨슬리신학대학원에 유학하면서 노만 빈센트 필 목사를 만나 '적극적인 사고방식'(Positiv Thinking)을 접하고, 이 사상을 그의 설교에 접목하기 시작하였다. 그리고 1976년 로버트 슐러 박사의 '리더십 세미나'에 참석하여 가능성의 사고(Possibility Thinking)를 접하면서 적극적인 신앙, 창조적인 신앙으로 인한 강한 도전을 받고 그의 목회에 적용하였다. 이런 물결이 한국의 새마을운동과 맞물리면서 한국인들의 정신은 "하면 된다. 할 수 있다. 해보자"로 집약되었다. 하지만 이러한 현상은 1995년을 기해서 서서히 가라앉기 시작하여 사람들의 입에서 멀어져 갔다.

그러나 이 영향이 다시 살아나게 된 계기는 2005년 5월 11일 '두란노서원'에서 펴낸 조엘 오스틴(Joel Osteen) 목사의 「긍정의 힘」(*Your Best Life Now*)이 발행되면서부터다. 지금까지 이 책은 110만 부 이상이 발행되었고, 그의 두 번째 책 「잘되는 나」는 2007년 10월 15일 초판을 발행하여 25만 부가 넘게 팔렸다. 그는 지금 미국에서 가장 큰 교회를 목회하는 사람이다.

그러나 긍정적인 사고가 복음은 아니다. 이들은 복음을 긍정적인 사고로 풀어내었을 뿐이고, 그리스도인의 삶을 적극적인 삶으로 해석해 낸 것이다. 중요한 것은 무엇이 사람을 하나님의 사람으로 변화시키느냐고 하는 것이다. 우리가 설교자로서 사람의 마음을 감화시키고 삶에 변화를 줄 수 있어야 그 책임을 다하는 것이다. 이 외에도 사람을 변화시키는 것은 얼마든지 있다. 하나님의 은혜로 설교 사역에 놀라운 변화의 바람이 일어나 신바람 나는 교회가 세워지는 축복이 있기를 기원한다.

| Chapter **7** | 나는 이렇게 설교한다(1)

설교 준비란 사실 광범위한 이야기이다. 그런데 가장 중요한 준비는 설교자 자신의 준비라고 할 수 있다. 데니스 킨로도 "설교에서 최대의 문제는 설교의 준비가 아니라 설교자의 준비이다"라며 설교자 자신의 준비가 설교 준비의 결정적인 전제임을 강조했다. 여기서 설교자의 준비란 설교자의 인격과 성품, 신앙과 생활 등의 전인적인 준비다.

나는 이렇게 설교한다(1)

쓸데없는 생각 하나부터 나누고자 한다. 오래 전에 "설교만 하지 않는다면 목회는 해볼 만한 소명이다"라고 생각한 적이 있다. 그리고 이어서 "하나님, 영감을 주셔야 말씀을 전할 게 아닙니까?"라며 답답한 마음을 푸념처럼 쏟아 놓기도 했다.

설교는 인간의 한계를 절감케 하는 고역이며, 동시에 하나님의 은총을 체험케 하는 성역임에 틀림없다. 어렵고 힘든 것이 사실이지만 설교를 통해 설교자로 만들어지는 것이 아닐까? 부담스러운 사역을 통해 오히려 영광스러운 사명을 감당할 수 있기에 설교는 목회자에게 주어진 특권 중의 특권이라고 생각한다.

"나는 이렇게 설교한다." 내게 주어진 과제이다. 평소 설교했던 대로 기술하면 될 텐데 그것도 쉽지 않아 고심했다. 일단 전반부에서는 설교의 목적과 설교의 중요성, 설교자의 중요성에 대한 일반적인 견해를 종합적으로 소개하고자 한다. 그리고 후반부에서 내 개인의 설교에 대한 실제적인 경험을 나누고자 한다.

1. 설교의 목적

사도 요한은 요한복음을 기록한 목적을 다음과 같이 밝혔다. "오직 이것을 기록함은 너희로 예수께서 하나님의 아들 그리스도이심을 믿게 하려 함이요 또 너희로 믿고 그 이름을 힘입어 생명을 얻게 하려 함이니라"(요 20:31). 복음서를 기록한 목적은 곧 설교의 목적이기도 하다. 설교는 말씀을 듣는 청중으로 하여금 예수님을 하나님의 아들 그리스도로 믿게 하여 생명을 얻게 하는 데 있다. 이는 예수께서 육신을 입고 세상에 오신 목적에 부합되는 사역이기도 하다.

예수님은 요한복음10장 10절에서 "내가 온 것은 양으로 생명을 얻게 하고 더 풍성히 얻게 하려는 것이라"고 말씀하셨다. 그것은 곧 하나님의 뜻이기도 하다. 예수님은 십자가 위에서 그 뜻을 다 이루셨다(요 19:30). 이 같은 뜻에서 설교는 복음을 통해 하나님과 사람의 만남을 체험케 함으로 생명을 얻게 하고, 하나님께 영광을 돌림에 있다고 하겠다. 이에 대한 다각적인 표현을 아래와 같이 요약해 보았다.

"설교의 목적은 하나님과 설교를 듣는 회중들의 영혼과의 개인적 만남이 이루어지도록 노력하는 것이다"(티자드).

"설교는 복음을 '현실화(contemporize)하는 것'이거나, 아니면 복음을 역사적 과거에서부터 인간 실존의 현재로 옮겨오는 것이다. 곧 설교는 '그때' 혹은 '그 옛날'로부터 '현재'에 처한 청중들에게 복음을 만나게 해주는 것이다"(Theodore O. Wedel).

"설교에는 세 가지 근본적인 목적이 있는데 그것은 곧 선포(Proclamation)

와 실증(Demonstration)과 고취(Implantation)이다"(피어슨.)

"설교자의 직무는 첫째로 사람들이 사물을 보게 하고, 다음은 그것을 느끼게 하고, 그 다음은 그것을 바탕으로 행동하게 만드는 것이다"(윌리엄 에반스).

바우만(J. D. Baumann)은, 현대 설교는 다음의 네 가지 목적을 가진다고 하며, 설교자는 이러한 설교의 목적을 염두에 두고 다양하게 설교해야 한다고 강조하였다.

첫째, 불신자에 대한 구원 : 선포적 설교(Kerygmatic Sermon)
둘째, 신자에 대한 가르침 : 교훈적 설교(Didactic Sermon)
셋째, 개인에 대한 치료 : 치유적 설교(Therapeutic Sermon)
넷째, 사회에 대한 치료 : 예언적 설교(Prophetic Sermon)

이와 같은 설교의 목적을 이루기 위해서 우리는 청중으로 하여금 결단을 내리고 그 말씀을 삶에 적용하여 열매를 맺음으로 하나님께 영광을 돌리도록 해야 한다.

"설교는 행동하게 하는 부름이다"(피어슨).
"설교는 행동을 낳는 것이다"(클라크).
"설교란 적용이 시작될 때 실제로 시작된다"(스펄전).
"설교하기 가장 힘든 회중은, 잘 듣는 것 같지만 신앙생활에서는 변화가 없는 회중이다"(캠벨 몰간).

2. 설교의 중요성

설교의 중요성은 사람을 구원받게 하고 하나님을 영화롭게 해 드린다는 점에서 아무리 강조해도 지나치지 않는다. 토마스 오덴(Thomas Oden)은 "설교는 사람을 구원하고 회심시키며 그들의 행위를 변화시키는 하나님의 유일한 방법이다"라고 말했다. 그리고 존 스타트는 "참된 설교는 성경의 세계와 현실 세계 사이에 다리를 놓는 것이라고 보아 '다리 놓기'(Bridge building)로서의 설교"를 역설하고, "하나님은 설교를 통해 사람을 만나시며 구원하신다"라고 설교의 중요성을 강조했다.

"설교 없이는 구원도 없다"(존 칼빈).
"목회 성공의 95%는 설교에 있다"(찰스 스펄전).

"하나님을 예배하는 가운데 가장 위대한 부분은 하나님의 말씀을 설교하는 일이다. 만일 하나님의 말씀을 풀어 규명하지 않는다면 찬송을 부르지 않음이 좋고, 성경을 읽지 않음이 좋으며, 또한 전혀 모이지 않음이 좋다"(마르틴 루터).

설교는 합법적이고 중요한 역할을 하고 있다. 설교는 다음과 같은 점에서 고유하게 그리고 적당하게 이용될 수 있다.

1. 하나님의 복음을 선포함으로써 감동을 주고,
2. 모여든 회중들에게 새롭고 적절한 정보를 제공하며,
3. 새로운 비전을 제시하여 자극을 주고,
4. 현재의 태도를 강조하며,

5. 위기의 시대에 처한 사람들에게 위로와 용기를 주며,

6. 이 외의 다른 목적에도 이용되는 것이다(Clyde Reid, 「설교의 위기」).

일찍이 마틴 로이드 존스는 "설교의 암흑기는 역사의 암흑기였다"라고 말했다. 그것은 설교의 중요성을 환기시켜 줄 뿐만 아니라 설교자의 중요성을 상기시켜 주는 말이기도 하다. 설교의 암흑기는 곧 설교자의 암흑기와 직결되어 있기 때문이다.

3. 설교자의 중요성

설교와 설교자는 불가분의 관계이다. 설교자가 없으면 설교도 있을 수 없다. "메신저가 곧 메시지"라고 했듯이 설교자는 설교를 위한 하나님의 방법이다. 설교자의 신앙과 인격과 생활이 설교에 있어서 얼마나 중요한지는 재론할 필요도 없다 하겠다.

"설교는 인격을 통한 진리이다"(필립 브룩스).
"설교는 인격을 통하여 전파되는 진리이다"(헨리 워드 비처).

사도 바울은 이 같은 사실을 중요하게 의식하였다. 그래서 믿음의 아들 디모데에게 "네가 네 자신과 가르침을 살펴 이 일을 계속하라 이것을 행함으로 네 자신과 네게 듣는 자를 구원하리라"(딤전 4:16)고 했다. 여기서 '네가 네 자신과 가르침을 살펴'라고 한 말은 '네 자신과 너의 가르침을 조심하라'는 뜻이다. 그렇다. 자기 자신을 잘 살피고 자신의 말씀도 잘 살피는 자라야 신뢰받는 설교자가 될 수 있고, 그래야 설교의 영향력을 발휘하게 되는

것이다.

설교자가 그 자신을 잘 살피고자 할 때 가장 근본적으로 고려해야 할 것이 있다. 첫째, 먼저 자기 자신이 구원의 확신을 가진 거듭난(요 3:3-7) 하나님의 사람이어야 한다는 것이다. 사도 바울이 "우리도 믿었으므로 또한 말하노라" 하였듯이 오늘의 설교자들 또한 영적인 체험과 확증을 가진 자여야 한다. 둘째, 구원의 주님을 뜨겁게 사랑하는 하나님의 사람이어야 한다. 베드로가 주님께 세 번씩이나 그의 사랑을 고백함으로써 목양의 사명을 위탁받았듯이(요 21:15, 16, 17) 설교와 모든 사역의 동기는 주님께 대한 사랑에 있어야 한다. 셋째, 다른 사람의 영혼을 사랑하며 구령의 책임을 느끼는 하나님의 사람이어야 한다. "그리스도께서 교회를 사랑하시고 그 교회를 위하여 자신을 주심 같이 하라"(엡 5:25)고 하였듯이 설교자는 영혼을 위한 사랑으로 자신을 희생하는 책임을 감당해야 한다.

"목사는 그 사회의 머릿돌"(로빈슨)이라고 했다. 그리고 "설교자는 변해가는 세상에 변함없는 복음을 증거해야 하는 하나님의 사명을 감당해야 한다"(로이드 페리)고 했다. 그러므로 목사는 그 영광스러운 특권을 헌신적인 사역으로 응답해야 할 것이다.

블랙우드 교수가 전한, 세 종류의 설교자 중 세 번째 설교자가 되도록 노력하라는 말을 명심하면 좋겠다. 첫째는 교인이 "귀를 기울일 수 없는 설교자," 둘째는 교인이 "귀를 기울일 수 있는 설교자," 셋째는 교인이 "귀를 기울여야만 하는 설교자."

4. 설교 준비

설교 준비란 사실 광범위한 이야기이다. 그런데 가장 중요한 준비는 설교자 자신의 준비라고 할 수 있다. 로이드 페리는 "설교를 준비하기 위해서는 설교자가 자신을 준비하는 것이 필수적이다"라고 했다. 데니스 킨로도 "설교에서 최대의 문제는 설교의 준비가 아니라 설교자의 준비이다"라며 설교자 자신의 준비가 설교 준비의 결정적인 전제임을 강조했다. 여기서 설교자의 준비란 설교자의 인격과 성품, 신앙과 생활 등의 전인적인 준비라 하겠다.

설교 준비를 위해선 성령의 도우심을 힘입어 여러 번역본 성경과 주석을 비롯한 다양한 독서와 연구, 기도와 묵상, 자료 수집과 메모 노트, 대인관계와 대화, 자연과 시사 등에 대한 관심에 가급적 많은 시간을 써야 한다. 로이드 페리는 "최소한 하루에 4시간(가능한 많이)을 정해 놓고 더 좋은 설교를 위해 투자해야 한다"라며 이른 아침 시간을 정해 놓고 부단한 연구를 해야 한다고 했다. 칼 바르트는, 설교자는 "한 손에는 성경을, 다른 한 손에는 신문"을 들어야 한다고 했다. 여기에 덧붙여 박재봉 목사님은, 목회자는 성경과 신문뿐 아니라 자연도 보아야 한다고 부언했다. 그만큼 설교 준비의 폭도 넓어져야 할 것이다.

5. 설교 본문 선택

필자는 주일에는 본문 설교를 하고, 주중의 새벽기도회 등에는 강해 설교를 한다. 강해 설교의 경우에는 설교 본문을 선택하기가 용이하다. 정해진 성경의 장·절을 따라 본문을 정하기 때문에 심적으로나 시간적으로 부담이 적다. 그에 비해 주제 설교나 본문 설교를 할 경우에는 본문을 선택하는 과정에서부터 고심할 때가 많다.

본문 선택을 할 때 우선은 교회력에 따른 성경 본문을 참고한다. 구약과 신약의 여러 본문을 보며 그 중 하나를 정한다. 그런데 교회력에 제시된 본문에 제한을 받지는 않는다. 교회력의 흐름에 맞추어 성경을 읽고 묵상하면서 본문을 선택할 때가 많다. 물론 특정 주제와 시사성 있는 설교를 할 경우에도 독서를 통해 본문을 찾는다. 그때마다 가장 중요한 것은 성령의 감동을 느끼며 영감을 얻는 데 있다. 리(R. G. Lee)는 설교 본문을 선택할 때 "하나님께서 나의 영적 장막을 세울 주제와 본문을 선택하도록 나를 이끄시도록 기도하면서" 선택했다고 한다.

6. 설교 원고 작성

주일을 지나면 잠깐 설교 부담감에서 벗어나고자 한다. 그렇지만 주초부터 어김없이 성경을 보든, 신문을 보든 설교 구상을 하게 된다. 그리고 목요일과 금요일에는 집중적으로 설교 원고를 준비한다. 여러 종류의 성경 번역본을 한글, 영어, 원어 등 다양한 언어로 보면서 제목 또는 주제를 정한다. 그리고 둘 내지 셋의 소제목 명제를 가급적 간단명료하게 찾는다. 설교란 '성경에 근거한 이야기'이다. 성경에 대한 바른 이해와 해석을 위해 우선은 성경을 반복해서 읽고 또 읽는다. 결국엔 해당되는 성경 본문을 거의 암기할 정도로 정독하고 묵상한다. 그리고 여러 종류의 주석을 참고한다.

물론 그 모든 과정에서 기도하며 성령의 감동과 감화를 의존함으로 설교를 구상하고 원고를 작성하게 된다. 집의 창문과 같은 설교의 예화도 기도하는 마음으로 찾곤 한다. 설교 원고 작성은 가급적 금요일 저녁때까지는 끝낸다. 그리고 금요일 밤과 토요일은 계속 그 원고를 묵상하며 되새김질을 한다. 토요일에는 심리적으로, 시간적으로 설교 준비의 부담감으로부터 해방된 마음으로 여타 사역을 하며 주일을 준비하게 된다.

7. 설교 전달

아리스토텔레스는 웅변의 세 요소로 '로고스(logos), 에토스(ethos), 파토스(pathos)'가 있어야 함을 강조했다. 이를 설교와 연관 지어 생각할 때 설교는 무엇보다도 성경 말씀에 충실해야 하고, 설교자와 설교 내용에 윤리성이 투명해야 하며, 성령의 감동을 힘입어 뜨거운 열정으로 확신 있게 선포, 증언해야 한다는 것이다. 그렇다. 말씀에 대한 연구와 묵상, 윤리성과 도덕성에 대한 성실과 성화, 설교 전달에 있어서의 영성과 열정이 갖추어질 때 우린 설교를 통해 역사하시는 성령의 능력을 경험하게 된다.

설교 원고 준비도 힘들고, 말씀대로 사는 것은 더욱 힘들지만, 설교 전달 역시 두렵고 떨리는 일임에 틀림없다. 그래서 더욱 무릎을 꿇고 성령의 도움을 의지하곤 한다.

오래 전부터 필자는 설교할 때마다 강대상과 고정된 마이크와 설교 원고에 얽매이듯 제한받는 것이 싫었다. 성령 안에서 강대상과 마이크와 원고로부터 자유롭게 되기를 원했다. 그렇지만 그것은 생각뿐이었다. 그런데 부흥회를 인도하노라면 부흥회에서 설교하듯 매주일 본 교회에서도 이런 식으로 설교하느냐는 물음을 들을 때가 있다. 그때마다 나의 대답은 "아니요!"였다. 주일에 마이크를 잡고 강대상을 벗어나 원고를 보지 않고 왔다갔다 하며 설교한다는 것은 사람들의 반응은 둘째치고 그렇게 할 자신과 용기도 없었기 때문이다.

그런데 어느 날 나의 부정적인 고정관념이 성령의 지혜와 능력을 제한하고 있지는 않은지 생각하게 되었다. 물론 그런 의도는 없었다. 그래서 성령의 도우심을 힘입어 용기를 내기로 결심했다. 그리고 시도했다. 처음에는 더 긴장과 불안을 느꼈다. 원고가 떠오르지 않을까봐 더욱 기도하며 묵상하는 시간을 늘렸다. 그 결과 성경 본문은 물론 원고 전체를 거의 암기할 정도로 숙지한 후 강단에 서게 되었다. 그렇게 한 지가 벌써 15년 이상 된 것 같다.

어떤 사람에게는 다소 불편하고 이상하게 보였을지 모르겠지만 결국엔 반응이 좋게 나타났다. 그런데 가장 큰 변화는 바로 설교자인 나 자신에게 일어났다. 이전에는 설교 원고 작성이 끝나면 일단 설교 준비가 다 됐다는 생각을 했다. 그러나 이후에는 설교 원고를 다 써 놓았어도 '다 됐다'는 생각을 할 수가 없다. 오히려 그때부터 그 원고를 숙지하기 위해 더 많은 기도와 묵상의 시간을 갖게 된다. 심지어는 잠든 시간에도 생각할 때가 있다. 이따금 하나님 앞에서 혼자 웃음을 짓곤 한다. 그리고 고백한다. "하나님, 감사드립니다. 하나님도 기쁘시죠?" 설교를 위해 하나님을 더욱 의존하며 더욱 기도하며 헌신하게 된 것이 얼마나 감사한 일인지 모른다.

설교할 때 내 목소리는 약간 크고, 발음은 분명하며, 템포는 빠른 편이다. 설교 시간은 30분 정도인데 조금 더 줄이고자 한다. 정동제일교회에서는 몇 번 시도를 해 보았는데 요즘에는 설교 원고만 가지고 올라가지 않고 강단에 서서 말씀을 전한다. 비록 강대상과 고정된 마이크에서 벗어나지는 않지만, 전적으로 성령을 의존하고, 성령 안에서 자유함에 있어서는 마찬가지임을 느끼며, 그간의 훈련과 경험을 주님의 은사와 은총으로 생각한다.

8. 설교 그 이후

찰스 스펄전은 "설교는 적용하는 데서부터 시작된다"고 말했다. 설교 중에는 적용을 촉구하며, 설교 후에는 또한 그 말씀을 묵상하며 살도록 유도해야 할 것이다. 물론 그 일차적인 대상은 바로 설교자 자신이다. 그리고 그 설교의 가장 큰 수혜자 역시 설교자 본인이라고 생각한다. 설교를 준비하는 과정에서부터 설교를 마친 이후에도 그 말씀의 영향을 가장 많이 받기 때문이다.

설교 말씀의 생활화를 위해서 여러 해 동안 시도해 본 것이 있다. 그것은 설교 원고를 근거로 소그룹 성경공부 교재를 만들어 선교회 또는 속회 모임에서 말씀을 되새기며 그 말씀에 따른 삶의 이야기들을 서로 나누게 하는 것이었다. 매우 유익한 도전과 발전의 기회라고 생각한다.

맺는 말

목회는 하나님께서 하시는 하나님의 목회라는 것이 이제까지 33년 반을 목회한 내 경험의 결론이다. 그리고 하나님의 목회는 결코 실패할 수 없다는 것이 나의 확신이기도 한다. 마찬가지로 설교 역시 하나님께서 하시는 하나님의 일이며, 따라서 어떤 설교이든 실패란 없다고 생각한다. 그것은 결코 설교자의 안일과 무책임을 용인하자는 뜻이 아니다.

예수께서 그 제자들을 전도자로 파송하실 때 주신 말씀이 있다. "너희를 넘겨줄 때에 어떻게 또는 무엇을 말할까 염려하지 말라 그때에 너희에게 할 말을 주시리니 말하는 이는 너희가 아니라 너희 속에서 말씀하시는 이 곧 너희 아버지의 성령이시니라"(마 10:19-20). 아멘! 아멘!

설교자에게 전할 말씀을 주시는 이도 성령이시고, 설교자 속에서 말씀하시는 이도 성령이다. 필자는 예수님의 이 말씀을 확신하고, 전적으로 성령을 신뢰, 의존하며 설교에 임한다.

어느 사모님이 사모 세미나에서 "여러분, 목사님이 설교 죽 쑤었다고 나무라지 마세요. 왜냐하면 그 날 성도들 중에는 죽을 먹어야 할 사람들도 있기 때문입니다"라고 말했다. 회중을 웃게도 하였지만, 생각하게도 만들었다. 하나님은 죽 쑨 설교를 통해서도 역사하신다. 그렇지만 그 태도와 헌신은 하나님과 회중 앞에 성실과 책임으로 최선을 다하는 것이어야 할 것이다.

필자는 설교 원고를 작성할 때 처음과 끝에 나의 고백을 적는다. 이것을 여러분과 함께 나누고자 한다. 시작에서는 "아 하나님의 은혜로," 끝에서는 "오직 하나님의 영광을 위하여"라고 새겨 쓴다. 앞으로도 설교뿐만 아니라 일생을 다하도록 "아 하나님의 은혜로 살아가며", "오직 하나님의 영광을 위하여" 헌신하고자 한다. 여러분의 목회와 설교에 성령의 은사와 은총이 더욱 충만하시기를 기원한다.

| Chapter **8** | 나는 이렇게 설교한다(2)

설교자는 단순한 직업인이 아닌 그리스도의 사역자로서 자신을 하나님께 전적으로 바친 헌신된 사역자이다. 실제로 청중이 목회자에게 실망하는 경우는 설교에서보다도 그 생활에서다. 따라서 설교자는 하나님의 말씀을 단순히 입으로만 전할 것이 아니라, 실제로 하나님의 말씀대로 사는 모습을 보여주어야 한다.

나는 이렇게 설교한다(2)

이성호_신천교회

설교는 옛날이나 지금이나 예수 그리스도를 통해서 나타난 하나님의 인류에 대한 구속 사건을 말로써 선포하는 행위이다. 이 점은 미래에도 마찬가지일 것이다. 기독교에 있어서 설교는 예수 그리스도의 사건에 근거를 두며 그 사건에 대한 증언이라 할 수 있다.

패티슨(T. H. Pattison)은 설교를 가리켜 "설득을 목적으로 하나님의 진리를 구두로 전달하는 것"이라며 설교자에게 무엇을 어떻게 왜 설교해야 하는지를 잘 설명해 준다. 블랙우드(A. W. Blackwood)는 "설교는 인간의 필요를 만족시키기 위해서 선택된 한 사람에 의해 전해지는 하나님의 말씀, 또는 한 개인에 의해 선포되는 신적인 진리를 의미한다. 다른 관점에서 볼 때 설교는 주로 성서를 통해서 또는 하나님으로부터 오는 빛 안에서 오늘의 삶을 해석할 것을 요구한다"고 하였다. 칼 바르트(Karl Barth)는 "설교는 하나님 자신에 의해 야기되는 하나님의 말씀이다. 그것은 교회에 명해져 있는 시도이며 그 때문에 소명 받은 자에 의한 하나님 말씀, 그 자체에 대한 봉사이다"라고 하여 설교의 원인과 본질, 교회의 사명, 설교자의 소명심과 그 봉사에 대하여 말하고 있다. 해릭 존슨(H. Johnson)은 "설교는 하나님 말씀에 기초하고, 사람을 구원하려는 계획과 목적에 따라서 사람을 감동하도록 권면하는 법 있는 종교적 강화(講話)이다"라고 말하였다.

이상과 같이 설교를 정의해 보면, 설교는 인간의 생각이나 사상에 중심을 둔 것이 아니라 하나님께서 이미 인간을 위하여 예수 그리스도 안에서 행하신 구원 사건을 부름 받은 설교자의 인격을 매체로 성경을 통해 선포함으로써 그리스도의 구속 사건이 현재의 사람들에게 재성육되도록 전파하는 것이라 하겠다. 부언하면, 설교는 하나님의 말씀을 선포하는 것인데, 위탁받은 설교자가 듣는 회중으로 하여금 행동을 변화시키도록 하나님의 말씀을 선포하는 것이라고 할 수 있다.

1. 설교의 목적

설교의 목적은 설교의 결과, 회중에게 어떤 변화가 일어나기를 바라는 것이라고 할 수 있다. 설교의 목적은 본문의 가르침으로부터 자연스럽게 흘러 나와야 한다. 스코틀랜드의 설교자 데이비드 스미스는 설교를 "행동으로 결론지어진 말"이라고 묘사했다. 설교의 궁극적인 목적은 회중들에게 예수 그리스도의 영원한 생명을 가져다 주는 것이다. 요한복음 10장 10절의 "도적이 오는 것은 도적질하고 죽이고 멸망시키려는 것뿐이요 내가 온 것은 양으로 생명을 얻게 하고 더 풍성히 얻게 하려는 것"이라는 말씀처럼 예수께서는 사람들을 위한 생명이 자신의 목회를 위한 헌신적인 목표임을 우리에게 알려주셨다.

설교의 궁극적인 목표인 회중들에게 예수 그리스도의 영원한 생명을 가져다 주기 위해서 각각의 설교가 가지는 직접적인 목표가 있다.

첫째, 복음 전도적 목적(evangelistic objective)이다. 사람들이 예수 그리스도를 알고 영원한 생명을 얻게 하려는 것이다. 이 목적은 회중이 모인 교회나 구원받지 못한 사람들이 있는 곳에 모두 필요하다. 복음 전도의 설교는 복음을 믿음으로 받아들이지 않는 자와 목표를 모르는 자에게 복음을 전하는 것이다.

둘째, 교리적 목적(doctrinal objective)이다. 신자들이 성서를 아는 지식이 더 성장하도록 돕는 것이다. 이는 신앙생활에서 아주 중요하고도 기초적인 목적으로서 신자들이 성서의 사실과 교훈에 대해 더 잘 이해하여 하나님과 그의 진리에 대한 분별력을 가질 수 있도록 돕는 데 있다.

셋째, 경건의 목적(devotional objective)이다. 신자들이 주님과의 교제에서 더욱 성장할 수 있도록 하나님을 사랑하고 찬양하며 예배드리게 하는 것이 목표이다. 다른 말로 예배의 목적이라고도 한다.

넷째, 윤리적 목적(ethical objective)이다. 신자들이 그리스도와 같은 행위로 발전하도록 하는 것으로 그리스도의 품행을 바르게 강조하는 데 있다. 이 목적의 본질은 관계라는 말 속에서 찾을 수 있는데, 그리스도인들이 하나님과 이웃에 대해 올바른 관계를 맺고 살도록 하기 위해 이 같은 윤리적·도덕적 목적이 생겨난다.

다섯째, 봉헌의 목적(consecrative objective)이다. 신자들이 하나님을 위해서 효과적인 봉사를 하게 하는 것이다. 이 목적은 청지기 목적이라고도 하는데, 자신을 전적으로 하나님께 위탁한 하나님의 자녀들이 자발적으로 시간과 재능과 인격을 포함한 모든 자원을 가지고 하나님께 헌신하며 섬기도록 인도하는 것이다.

여섯째, 원조적 목적(supportive objective)이다. 신자들이 은혜와 능력을 얻기 위해 하나님을 신뢰하도록 이끌어 주는 것이다. 어려움에 처한 사람들의 고통과 문제를 돕는 것이 목적이다. 사람들의 죽음, 질병, 사고, 실직, 실패, 실망, 오해 등 수많은 좌절이 생길 때 이 설교가 필요하다.

이처럼 설교자는 분명한 목적을 가지고 있어야 바르게 선포할 수 있다. 올바른 설교는 신자들이 신앙생활에서 늘 새로운 변화를 추구하는 목표를 갖게 한다. 설교마다 무엇인가 달성해야 할 목표가 주어져야 한다. 회중들을 무관심하게 내버려둔다면 그 설교는 실패작이라고 할 수 있다.

2. 설교자의 자세

1) 삶으로서의 설교

설교자는 하나님 앞에 서 있으며, 동시에 사람 앞에 서 있다. 보이지 않는 하나님 앞에서는 마음으로 서 있는 반면, 사람 앞에서는 행위의 인격자로 서게 된다. 설교자의 인격은 말로 선포되는 설교에 나타나지 않고, 행위로 증거되는 설교에 나타난다. 설교자는 그가 말한 설교와 무관하게 살 수 없다. 청중들은 설교자가 설교한 그대로 설교자의 생활 속에서도 분명하게 실천하고 있다는 확신을 갖고 싶어한다. 그러나 설교자가 생활로 증거하는 설교는 청중들을 위해서만은 아니다. 그것은 본질적으로 그리스도의 구속의 복음이 설교자의 말뿐 아니라 그의 행위와 전 생애를 통해 증거되기 때문이다. 설교는 예수 그리스도의 인격을 생생하게 전달하는 것이다. 설교는 예수 그리스도에 대한 설교자 자신의 축적된 신앙과 그 인격, 생활의 총체적인 조명이다. 그러므로 설교자는 설교를 잘하기 위해서도 부지런히 연구해야 하지만, 어떻게 구체적으로 살 것인가에 관해서도 연구해야만 한다.

설교자의 생활

설교가 평신도들에게 잘 전달되기 위해서는 설교자의 삶이 그 설교에 부응하는 삶이어야 한다. 청중은 설교자에게서 세련된 설교만을 원하지 않고 설교자의 삶과 인격이 본받을 만한 사람이길 원한다. 홍순우가 평신도들에게 설문조사를 한 결과, "목회자에 대한 기대 가운데서 가장 큰 것은 무엇입니까?"라는 질문에 '성직자다운 삶'이 45.7%, '훌륭한 설교'가 45%, '열심 있는 심방'이 5.3%, '유능한 교회행정'이 4% 순으로 나타났다. 이 조사 결과에 따르면, 실제로 평신도들의 기대는 훌륭한 설교보다는 설교자의 모범된 삶에 있었다. 설교자는 단순한 직업인이 아닌 그리스도의 사역자로서 자신을 하나님께 전적으로 바친 헌신된 사역자이다. 실제로 청중이 목회자에게 실망하는 경우는 설교에서보다도 그 생활에서다. 따라서 설교자는 하나님의 말씀을 단순히 입으로만 전할 것이 아니라, 실제로 하나님의 말씀대로 사는 모습을 보여주어야 한다.

설교자의 인격

설교를 전하는 설교자가 도덕생활이나 신앙생활 면에서 지도자로서 심각한 인격적 결함을 드러낸다면 그가 아무리 천사의 방언으로 설교한다 할지라도 회중은 듣지 않을 것이며, 그의 설교는 권위를 잃게 되어 아무런 열매도 맺지 못할 것이다. 그러므로 설교자는 항상 조심하여 그의 인격이 치명적인 손상을 입지 않도록 자기를 쳐서 복종시키며, 경건생활에 있어서 회중의 본이 되어야 한다. 현대 설교자들의 문제는 자신이 선포하는 메시지의 내용과 설교자 자신의 인격적인 면이 일치하지 않는다는 것이다. 엘리슨(John Ellison)의 말처럼 설교자는 성실한 크리스천으로서, 종교 지도자로서, 그리고 인격적 표준인으로서 자신을 보여주어야만 한다.

설교자의 신앙적 확신

설교가 설교자 자신의 신앙적 확신의 산물임을 알게 될 때 그 말씀에 위력이 생긴다. 설교를 통해 사람을 변화시키려는 의식보다 사실은 청중들에게 설교자의 변화된 모습을 보여주어야 한다는 것이다. 설교는 설교자 자신의 신앙이 표현되어야 하는 것으로 순수한 신앙적 확신에서 우러나온 설교를 하게 될 때 정열이 생긴다. 그리고 그 열정을 가지고 설교할 때 감명을 주게 된다.

설교자의 연구 생활

설교자는 항상 진리를 탐구해야 한다. 그 진리로부터 설교가 생성되므로 진리를 얻기 위해서 연구를 계속해야 한다. 그런 연구 끝에 얻어진 설교는 물을 길어 올리는 것이 아니라 샘이 솟는 것과 같은 설교가 될 것이다. 스토트는, 설교자는 항상 연구하는 자세로 생활해야 할 것을 강조하였다. 로이드 존스도 "영적인 휴일이 없다는 말이 사실이듯이, 같은 의미에서 설교자도 휴일이 없다"고 하면서 설교자에게 우선되고 중요한 일은 그의 설교 내용이 아니라 자신을 준비하는 것이라고 했다. 이 말은 곧 웨슬리의 말대로 "한 책을 위한 사람"이어야 한다는 것이다.

2) 설교자의 영성 개발

설교자의 영적인 생활은 매우 중요하다. 영성 훈련을 통해 설교자는 하나님과 바른 관계를 유지하게 되며, 성령의 지도를 받게 되고, 생활 속에서 그리스도를 보여주는 삶을 살며, 이로써 승리하는 설교사역을 수행해 나가게 된다. 소명 받은 설교자는 영성 훈련으로 자신을 준비해야 한다. 영혼을 구원하기 위한 참된 설교자가 되기 위해서는 하나님과 교제하는 영적인 생활이 없이는 결코 불가능하다.

말씀 묵상의 훈련

설교자의 영성 훈련은 설교자로서 설교하기 위한 수단을 위해서가 아니다. 설교자도 하나님 앞에서 양육받아야 할 하나님의 어린 양이기 때문이다. 성도들이 하나님의 자녀로서 꾸준히 하나님의 말씀을 섭취하여 성장해야 하는 것처럼 설교자도 하나님의 자녀로서 꾸준히 성장하려면 하나님의 말씀인 성경을 양식으로 하는 길밖에 없다. 성경을 양식으로 섭취하는 길은 말씀을 묵상하는 시간(Quiet Time)이다. 말씀 묵상은 매일매일 규칙적으로 가져야 하며, 이것은 습관화되고 인격화되어야 한다. 그래서 말씀 속에서 하나님의 메시지를 들을 수 있어야 한다. 설교학자 드와이트 스티븐슨(Dwight E. Stevenson) 교수는 "설교자가 말씀 속에서 하나님의 음성을 듣는 훈련이 없이는 아무에게도 말씀을 외칠 수 없다"고 했다.

기도 훈련

진지한 설교에는 풍성한 기도가 따르지 않으면 안 되기 때문에 설교자는 항상 무릎을 꿇고 있지는 못해도 영혼은 늘 경건의 자세를 취하고 있어야 한다. "쉬지 말고 기도하라"(살전 5:17)는 권고를 실천해야 할 사람이 있다면 그가 바로 설교자이며, 그의 전 생활이 기도가 되어야 한다. 기도를 드림으로 설교 준비를 할 때 더욱 능력 있는 설교를 할 수 있다. 설교자의 생활은 기도로 일관되어야 한다. 설교자의 기도하는 자세가 설교를 더욱 풍부하게 하는 원동력이다.

하나님 경외 생활

설교자는 말씀과 기도 훈련을 통하여 언제 어디서나 경우에 합당한 하나님의 말씀이 나오게 해야 한다. 책망할 자에게는 책망의 말씀이, 위로받을 자에게는 하나님의 위로의 말씀이, 용기가 필요한 자에게는 하나님의 권면의 말씀이 설교자에게서 나와야 한다. 그러므로 설교자는 하나님의 말씀이 그의 입에서 넘치게 나오도록 성경을 더욱 열심히 읽고 묵상해야 한다. 설교자는 예수 그리스도를 위한 순례자임을 항상 인식해야 한다.

3. 제언

설교자의 강단이 쇠퇴하면 교회도 쇠퇴하고, 설교가 위기를 겪게 되면 교회도 난관에 부딪히게 된다. 설교자의 말씀 사역이 그대로 진행되지 못한다면 교회의 실존이 위기를 맞게 되는 것이다. 현행의 강단 사역은 설교자의 분주함과 신학의 부재, 설교자의 참다운 삶의 결여, 설교의 내용 빈약 등으로 능력 있는 말씀이 선포되지 못하고 있는 실정이다. 그러므로 설교자의 자세에 대하여 다음과 같은 제언을 하려고 한다.

첫째로, 설교자는 하나님의 권능에 사로잡힌 사역자가 되기에 힘써야 한다. 설교자가 설교로써 열매를 얻기 위해서는 마땅히 성령의 능력 아래 있어야 한다. 성령에 이끌림 받는 설교자가 되어야 하는 것이다.

둘째로, 설교자는 복음적인 설교, 성서적인 설교, 구속사적인 설교를 해야 한다. 설교자의 설교는 항상 성서 중심적이고, 그리스도 중심적이어야 하며, 십자가가 핵심이 되어야 한다. 설교자는 강단에서 십자가를 통한 예수 그리스도의 구속과 용서를 확실히 증거해야 한다. 이러한 성서 중심의 설교는 복음적인 설교가 된다. 설교자 자신의 개인적인 의견이 아닌 살아계셔서 역사하시는 하나님을 증거하는 것이 바로 성서 중심의 설교이다. 그리고 설교는 그리스도 중심적이어야 한다.

셋째로, 설교자의 삶이 하나님 보시기에 합당해야 하며 인격적이어야 한다. 설교는 예수 그리스도의 인격을 생생하게 전달하는 것이다. 설교란 설교자의 평소 인격으로부터 나오는 것이므로 설교자에게 중요한 것은 테크닉이 아니라 인격이다. 설교는 인간의 성품을 통하여 하나님의 진리를 전달하는 것이기 때문에 설교자가 먼저 인간다운 인간이 되어야 한다. 그러기 위해서는 설교자가 예수님의 사랑의 인격, 진실한 인격, 겸손한 인격을 배워 정직한 사람이 되어야 하고, 겸손한 사람이 되어야 한다.

넷째로, 설교자는 신학적 기초를 확립하고 있어야 한다. 설교는 종합 신학의 표현이다. 설교자는 삼위일체 하나님에 대한 바른 신학의 정립과 아울러 성서 신학의 단단한 토대 위에 올바른 교회관과 목회관을 가져야 한다. 그래야 설교에 대한 바른 신학을 정립할 수 있다. 설교자가 올바른 설교 신학을 정립하지 못하면 그의 사명과 본분을 망각할 우려가 있다.

다섯째로, 설교자는 영성 개발과 연구 생활에 열심히 노력해야 한다. 설교자의 영성은 분명 교회의 중요한 기초이다. 설교자는 말씀에 대한 연구와 기도를 통한 하나님과의 끊임없는 교제를 지속해야 한다. 특히 설교자는 성서에 대해서는 완벽한 전문가가 되기 위해 힘써야 한다. 이렇게 하기 위해서는 설교자가 오전 시간을 영성 개발과 연구 생활에 온전히 투자하는 것이 바람직하다. 자기 개발을 하지 않는 설교자는 말씀 사역을 충실하게 감당할 수 없기 때문이다.

| Chapter **9** | 나는 이렇게 설교한다(3)

믿게 하는 설교, 행하게 하는 설교, 실천하는 설교가 그 어느 때보다 절실히 요구되는 시대이다. 화려함과 요란함보다는 실천이 있고, 내적 변화가 있고, 믿음이 소생하도록 하는 말씀을 전하기 위해 먼저 응답된 말씀, 검증된 말씀, 간증이 되는 말씀으로 살아 있는 말씀을 전하려고 최선을 다한다.

나는 이렇게 설교한다(3)

박영준_이천중앙교회

하나님은 설교자에게 감추어져 있는 계시를 이해하고 깨닫게 하는 은혜를 베풀어 주셨다. 위로부터 주시는 크고 비밀한 복음의 말씀이 선포될 때 청중들은 감동을 받는다. 죄인이 의인이 되고, 패배가 승리로 변하고, 저주가 축복으로 바뀐다.

몇 년 전 있었던 일이다. 주일예배를 마치고 돌아가는 성도들과 인사를 나누던 중에 한 중년 남성이 다가오더니 감격에 찬 목소리로 내 손을 잡으며 이렇게 말하였다. "목사님! 저는 오늘 예배를 드리고 나서 자살하려고 했습니다. 그런데 말씀을 듣는 중에 살아야겠다는 희망을 갖게 되었습니다. 다시 시작하겠습니다. 고맙습니다!" 살 소망을 품고 교회를 나서는 그 성도의 뒷모습을 보면서 설교자의 자세에 대해서 진지하게 돌아볼 수 있었다.

미국 새들백교회의 톰 할러데이(Tom Holladay) 목사는 "저는 설교를 준비할 때에 응급실 의사와 같은 심정을 갖습니다. 지금 당장 피를 흘리며 들어오는 저 응급환자를 어떻게 치유할 것인가, 그것이 저의 질문입니다. 말씀을 통해서 그들에게 희망을 주고, 상처를 싸매 주고, 구원의 삶을 살아가도록 변화시켜 주는 자들이 바로 설교자입니다"라고 말하였다.

설교자란 놀라운 영광과 능력의 사역자임에도, 필자는 1974년 안성시 공도읍에서 전도사로 시작하여 현재 이천중앙교회에서 목회를 하는 지금까지 설교에 대한 영적 부담감을 하루도 떨쳐버리지 못한 채 목회의 길을 걸어왔다. 강산이 몇 번이나 변하였음에도 불구하고 한 편의 설교가 완성되기까지 여전히 산고의 고통을 치르고 있다. 사무엘이 하나님의 음성을 듣고도 알지 못해 제사장 엘리를 찾아간 어리석음과 같이 하나님의 음성을 듣지 못한 영적인 허탈감에 목말라 하고 있다.

그러나 나는 부족하기에 기도하며 땀을 흘렸고, 그럴 때 하나님께서 말씀을 주셨다. 밤이 맞도록 고생을 하였으나 한 마리 고기도 잡지 못한 시몬처럼, 수고는 하였으나 채우지 못한 빈 영혼을 주님은 불쌍히 보시고 만나주시고 채워 주셨다. 부르짖어 십자가의 죄 사함과 부활의 능력을 간구하였을 때 성령께서는 차고 넘치는 생명의 샘 같은 말씀으로 빈 영혼을 채워 주셨다. 몸부림치며 묵상하는 중에 '아하'하고 깨달음을 주셨고, 그것을 강단에서 나눌 때 주님의 영광이 나타나고, 영혼이 소생됨을 경험케 하셨다.

설교의 서론

서점에서 책을 고를 때 어떤 책에 먼저 손이 가는가? 아마 대부분 표지가 인상적인 책일 것이다. 표지는 그 안의 내용을 함축적으로 표현하고 있다. 책의 내용도 중요하지만 표지는 독자로 하여금 책을 구매하게 하는 중요한 역할을 한다. 신문을 읽을 때도 헤드라인을 보고서 흥미를 갖고 정보를 채워 줄 신문을 선택하게 된다. 그래서 영화에선 예고편이 중요하고, 사람에겐 첫인상이 중요하다.

이처럼 설교에서도 서론 부분이 매우 중요한 역할을 한다. 만약 서론에서부터 청중이 마음 문을 닫아 버리면 그날 설교는 감동과 만남이 없는 메아리가 되어 사라질 것이다. 효과적인 서론 전개를 위해 사용하는 몇 가지 사례를 들면 다음과 같다.

(1) 성도들에게 축복을 선포함으로 시작한다. 매주일 설교 전 마음을 다해 성도들에게 축복을 선포한다. 이때 성도들의 마음에 희망이 들어가고, 믿음이 심어지고, 말씀에 대한 기대감으로 마음 문을 열게 된다.

(2) 설교 본문에 대하여 기대감을 갖게 함으로 시작한다. 선포될 본문에 대한 역사적 배경을 얘기하고, 그 말씀이 청중에게 끼칠 영향력에 대해 기대하는 마음을 갖게 함으로 설교를 시작한다.

(3) 교회절기(교회행사)를 알림으로 시작한다.

(4) 날씨 이야기, 한 주간 시사 문제를 화제(話題)로 시작한다.

(5) 한 주간 동안 겪었던 은혜로운 일들을 나눔으로 시작한다.

설교의 본론

1) 설교 제목

성경을 묵상하는 중에 성도들의 삶에 도전을 줄 수 있는 제목을 정한다. 제목은 설교의 방향을 정하는 것이며, 내용을 포괄하고 있으므로 몇 번의 수정 끝에 정한다. 또 성서를 강해하는 내용으로 제목을 정하기도 한다.

2) 본문 선택

(1) 매일 넉넉한 성경 읽기를 통해 본문을 선택한다.

(2) 교회력은 반드시 지켜 나가며 이때는 절기설교에 따라 본문을 선택한다.

(3) 설교자는 기도의 사람이므로 기도 중에 오는 영감으로 본문을 찾아 선택한다. 설교는 책상에서 머리로만 만들어지는 것이 아니고, 무릎을 통한 기도로 완성된다. 기도할 때 하나님께서는 감동을 주시고, 위로부터 주시는 은혜를 깨닫게 하시며, 설교의 본문을 선택하게 하신다.

(4) 생명의 말씀, 구원의 길로 인도하는 말씀을 묵상한다. 본문이 선택되면 어린아이가 사탕을 녹여 먹듯이 말씀을 음미해야 한다. 원고 작성은 100% 친필로 하는 것을 원칙으로 하고 있으며, 반드시 성경에 의지하여 뼈대를 세우며 집을 짓듯 한다. 이때는 다른 자료를 의지하지 않고 철저하게 성경 중심으로 대지(大旨)를 이어가되, 필요한 대로 나누어서 본론을 구분하고, 기도하고, 성서주해로 강해를 하기도 한다.

(5) 효과적인 설교 전달을 위해서 직접 성도들의 삶에 적용되도록 하늘의 음성에 귀를 기울이고, 세상을 보는 눈을 열기 위해 매일 신문을 읽고, 뉴스를 듣고, 성도들의 말에 귀를 열어 참고하고, 성도들과 상담을 통해 역점(point)을 끌어내기도 한다.

3) 본론은 설교의 뼈대

본문은 설교의 원동력이다. 성령이 주시는 영감이 필요하며 성경의 지식이 요구된다. 알고 있는 모든 지식과 감성을 다 동원하고 자료를 수집하여 본론을 작성해 간다. 본론이 작성되면 그것으로 모든 것을 완성하는 것이 아니라 이제부터는 코에 생기를 불어넣듯이 생명력 있는 메시지가 되도록 성령의 뜨거움을 구한다. 설교를 듣는 이들의 마음이 열려 권세 있는 말씀, 능력의 말씀, 살아 있는 말씀, 변화의 말씀, 생명의 말씀, 희망의 말씀, 예언의 말씀, 기적의 말씀이 되도록 성도들에게 중보기도를 요청하고 설교자 역시 기도로 설교를 준비한다.

이때 하나님은 설교자의 마음을 감동시켜 심장을 뜨겁게 하는 확신을 주므로 담대하게 전하게 하시고, 청중들을 감동시키고 움직이게 하사 죽어가는 영혼이 생명을 얻는 믿음의 사람으로 변화시키는 말씀이 되게 하신다.

설교의 적용

설교의 목표는 복음의 진리를 적용하는 데 있음을 늘 되새기고 있다. 청중들이 설교를 들은 후에 변화를 갈망하도록 하는 말씀을 전하려고 한다. "영혼 없는 몸이 죽은 것 같이 행함이 없는 믿음은 죽은 것이니라"(약 2:26)는 말씀을 명심함으로써 생명을 살리는 말씀으로 삶을 변화시키고자 한다.

이 시대에 말씀은 많은데 '적용이 없는 설교는 죽은 설교'가 되고 만다. 마틴 로이드 존스(Martyn Lloyd-Jones) 목사는 "적용이 없는 설교는 병자에게 건강에 관한 강의만 하고 처방전을 주지 않은 채 병원에서 내보내는 의사와 같다"고 말하였다. 그러므로 참된 설교자는 청중들에게 진리를 실천하도록 요청하고, 진리의 삶에 순종하도록 인도하는 촉진제가 되어야 한다.

요즘 인터넷이나 티비(TV)를 통해서 설교가 홍수같이 쏟아지고 있다. 국내외 유명한 설교자들의 말씀이 수백 편씩 전파를 타고 있다. 그럼에도 오늘날 한국교회가 사회에 영향력을 끼치지 못하고 오히려 비난과 책망을 듣는 이유는 무엇일까? 그것은 듣기만 할 뿐 적용하지 못하기 때문이다. 이때에는 말씀의 능력이 나가지 않는다. 거룩함과 경건의 능력이 나타나지 않는다.

그러므로 믿게 하는 설교, 행하게 하는 설교, 실천하는 설교가 그 어느
때보다 절실히 요구되는 시대이다. 화려함과 요란함보다는 실천이 있고,
내적 변화가 있고, 믿음이 소생하도록 하는 말씀을 전하기 위해 먼저 응답
된 말씀, 검증된 말씀, 간증이 되는 말씀으로 살아 있는 말씀을 전하려고
최선을 다한다.

설교의 결론

독일 속담에 "끝이 좋아야 모든 게 좋다"(Ende gut alles gut)라는 말이 있다.
마무리를 잘해야 한다는 말이다. 시작을 잘해야 하는 이유는 어떤 의미에
서 끝을 잘 맺기 위해서다. 때문에 시작이 중요하지만 결론을 잘 맺는 것도
중요하다.

가끔 텔레비전 드라마를 보면서 결론의 절제를 배우게 된다. 시청자는
장면이 계속 진행되길 바라지만 중요한 부분에서 가차 없이 '컷'이 되고, 아
쉽지만 다음 시간을 기대하게 된다. 설교에서도 사실 진행되고 있는 말씀
을 잘라내고 결론을 내리는 것은 결코 쉬운 일이 아니다. 그래서 필자는 효
과적인 결론을 가져오기 위해서 비행기의 랜딩(landing)을 생각한다. 비행은
이륙도 중요하고 항공도 중요하다. 하지만 무엇보다도 랜딩이 중요하다.
만일 기장이 랜딩을 하지 않고 계속해서 비행장을 선회한다면 승객들은 얼
마나 불안하고 짜증이 나겠는가? 그러나 내려야 할 때 차분하고 안전하게
착륙한다면 승객들은 박수를 치면서 기장에게 감사를 보낼 것이다.

그러므로 필자 역시 모든 미련을 버리고 결론을 간결하게 정리하려고 한
다. 그러나 결코 쉽게 물러서지 못할 때가 있다. 청중들의 감성과 의지에

호소함으로써 결단의 마음을 갖게 하는 데 온 마음을 쏟고 있다. 영혼 구원을 위해 예수의 심장을 갖고 뜨겁게 복음을 전하는 설교자가 되길 간구하고 있다. 말씀이 삶이 되고, 삶으로 말씀을 전하는 설교자가 되길 소원하며, 이 글을 읽는 분들 모두가 더 좋은 설교자가 되기를 기대한다.

| 특별대담 | "나의 설교를 말한다"

진행 한영제
대담 김광덕 김영헌 박영준 정양희
질의응답 최이우

"나의 설교를 말한다"

목회의 대가이신 여러분들을 모시고 이렇게 대담을 하게 되어 영광입니다. 목회자라면 좋은 설교를 하기 위해 하나님 앞에 무릎 꿇고 오늘 나에게 주시는 말씀을 붙잡고자 애를 쓰게 됩니다. 말씀 연구와 기도를 통해 준비하면서 어떻게 하면 영감 있는 설교를 전할까, 어떻게 하면 하나님의 말씀을 제대로 전할까 고민하게 되는데, 오늘 이 자리에서 여러 목사님들과 함께 그런 고민들을 나누고자 합니다. 오랫동안 설교를 해오시면서 깨닫게 된 것들을 여러 동역자나 후학들을 위해서 나누어 주시기 바랍니다.

좋은 설교란 무엇인가

한영제　우선 오랜 목회 사역을 통해서 좋은 설교란 무엇인지, 이에 대해 어떤 개념을 갖고 계신지 듣고 싶습니다.

박영준　저는 신학교 4학년 때부터 지금까지 34년 간 설교를 해 왔습니다. 좋은 설교를 하기 위해 꽤 노력했지만, 그러나 좋은 설교는 지식에서도, 기술에서도 나오지 않고, 하나님의 은혜에서 온다는 것을 알았습니다.

매번 설교를 하고 내려올 때마다 '아, 오늘 설교는 잘하지 못 했어'라고 생각했을지라도, 성도들의 반응은 '매우 좋았다'며 정반대인 경우가 많습니다. 하나님께서 제 부족함까지도 성도들의 신앙을 위해서 사용하신다는 것을 깨닫게 되는 것이지요.

김영헌 저는 37년째 설교를 해 왔습니다. 신학교 설교학 시간에 좋은 점수를 맞은 사람은 오히려 현장에서 설교를 잘 못 하더군요. 어느 신학대학교든지 설교학 교수가 설교 잘 한다는 소리를 듣지 못 했습니다. 그들은 설교학적으로, 논리적으로, 지식적으로는 잘 설교하지만, 그들의 설교가 많은 사람들에게 영향을 주었다는 이야기는 잘 듣지 못했습니다. 왜 그런가 하면, 존 스테이플턴이라고, 옛날에 감신에 객원교수로 오셨던 분의 얘기를 따르면, "왓에버 유 빌리브 잇, 유 머스트 프리치 잇"(Whatever you believe it, you must preach it) 믿어서 하는 설교가 중요하다는 것입니다. '배워서, 알아서 하는 설교는 사람들을 바꿀 수 없다, 네가 믿는 것을 설교해야 사람들을 변화시킬 수 있다, 가장 좋은 설교는 자기가 믿고 있는 것을 사람들에게 증언하는 것이고, 그럴 때에야 논리적인 설교가 아니라 사람들을 변화시키는 설교를 할 수 있다.' 저는 그것을 하기 위해서 노력하고 있습니다.

정양희 좋은 설교는 세 가지 요소를 가진다고 생각합니다. 첫째는 본문의 의도대로 정확하게 설교하고 있는가, 하나님의 의도를 가감 없이 설교하는 것이 가장 중요하다고 생각합니다. 둘째는 청중들에게 잘 전달하고 있는가로서 쇠고기를 요리하는 데도 여러 방법이 있듯이 설교도 청중들에게 요리를 잘해서 잘 전달할 수 있어야 합니다. 셋째는 청중들의 삶을 터치하고 있느냐 하는 것입니다. 성도들의 삶에서 겪는 어떤 문제에 다가갈 수 있는가 하는 거죠. 「탈무드」에 보면 이런 이야기가 있습니다. "신발이 아무리 좋고 예뻐도 자신의 발에 맞아야 한다." 목사는 설교를 통해 성도들의 삶의 문제를 구체적으로 해결할 수 있는가가 중요하다고 봅니다. 저는 그런 설교를 하기 위해서 노력하고 있습니다.

김광덕 웨슬리 회원들이 20명인데, 제가 제비를 잘못 뽑아서 여기 앉게 되었습니다.(웃음) 저는 과천에서 20년 목회하고, 10년은 선교하였는데, 교인들은 설교를 들으면서 은혜를 받고, 목사는 설교를 하면서 은혜를 받습니다. 양봉하는 사람들은 벌꿀은 주인이 먹고, 꿀벌에겐 벌이 굶어죽지 않도록 여름 장마철에 설탕물을 먹입니다. 벌이 설탕물을 먹고 꿀을 만들듯이, 설교자가 다른 사람의 설교를 잘 읽고 소화시키는 것도 좋은 일입니다. 좋은 설교집을 탐독하면 좋은 설교를 만들어낼 수 있습니다.

영혼을 움직이면서 삶을 변화시켜 예수님처럼 살게 만드는 일이 설교의 역할이라면, 부활하신 주님이 재림 직전에 초대 다락방교회 120문도에게 말씀하셨던 대로 '오직 성령이 너희에게 임하시면,' 즉 강단에서 말씀을 통해서 성령의 역사가 일어나고 성도들이 회개함으로써 두 주먹 불끈 쥐고 이렇게 살아야지, 이렇게 복음을 위해서 죽어야지, 이런 결단을 하도록 촉구하는 설교가 좋은 설교가 아니겠는가 생각합니다.

촛불집회를 보면서 앞으로 목사들이 목회하기 어렵겠구나 생각합니다. 새로운 세대에는 목사가 잘못하면 교인들이 촛불을 들지 모릅니다. 그러므로 좋은 설교란 성도들에게 은혜를 끼치고 삶으로 증명하는 설교, 강대상 위에서뿐 아니라, 강대상 아래에서도 삶으로 말하는 설교가 가장 좋은 설교라고 생각합니다.

한영제 설교에 있어서 중요한 내용은 다 나온 것 같습니다. 감독님 말씀대로 하나님이 좋아하시는 설교, 회중들이 좋아하는 설교, 그리고 목사가 좋아하는 설교가 조화를 이룬다면 참 좋을 것 같습니다.

설교 노하우 1 : 설교 준비

한영제 이번에는 설교 준비를 어떻게 하시는가에 대해 묻고 싶습니다.

박영준 우선 그때의 분위기와 상황, 교회 형편이 중요하다고 봅니다. 같은 설교라도 같은 영향을 주지는 않습니다. 부흥회 설교, 새벽예배 설교, 주일예배 설교 등의 분위기 파악이 중요합니다. 행사를 하면서 하는 설교도 있습니다. 봉헌예배, 취임예배 등이지요. 저는 그런 것들에 관심을 가지고 성서에서 텍스트를 잡아서, 그 본문과 관련된 여러 군데의 성서 말씀을 함께 비교하고 연구하면서 결정적으로 제목과 설교 본문을 선택합니다. 그러고 나서 그와 관계된 것들을 준비합니다.

저는 설교를 준비할 때 제가 믿어지는 것, 확신이 가는 것들을 관심 있게 접목하여 하나님의 말씀을 준비합니다. 보통 월요일에는 하지 않고 화요일부터 생각을 하는데, 목요일 정도에 그와 관련된 모든 것들을 준비하고, 깊은 기도를 통해서 위로부터 들려오는 하나님의 음성을 마음에 감동받은 대로(각자 다르겠지만) 받아 마지막까지 원고를 작성합니다. 저는 원고를 많이 보면서 설교하는 편입니다. 그런데 한번은 한 교계 어른이 오셔서 1부 예배를 드리고, 서울로 가신다는 겁니다. 그래서 그 어른께 축도를 부탁드렸는데, 그만 축도를 마치고 성경을 들고 가시면서 제 설교원고가 겹쳐서 딸려간 겁니다. 처음엔 난감했으나, 한편으로는 볼 것이 없으니까 좋은 면도 있더군요.

어떻든 저는 상황을 먼저 판단하고, 맞는 본문을 선택한 뒤 성서에서 여러 본문을 비교하고, 참고되는 주석과 떠오르는 영감을 종합하여 목요일쯤 원고를 완성합니다. 그리고 토요일까지 원고를 수정하여 마무리 짓고 설교를 하고 있습니다.

한영제 2007년에 웨슬리연구회 회원들이 여러 설교를 모아 낸 「물밀듯 불 일듯」이란 설교집을 제가 정리한 적이 있습니다. 그때 김영헌 목사님의 설교 원고에 참 감동을 받았습니다.

김영헌 고맙습니다. 그런데 제 문제는 다음 주 설교 본문을 무엇으로 할 것이냐가 고민이었습니다. 그러다가 얼마 전부터 성서일과표(Lectionary)에 따라 설교를 하고 있어요. 교회 절기에 따라 본문을 끌고 있는 것이지요. 현재까지 선풍적 인기를 끌고 있는 강해 설교를 하시는 분들의 이야기를 들으면 강해 설교 또한 본문을 선택하는 데 많은 이점이 있습니다. 저도 조금 해 보았는데, 굉장히 어렵더군요. 본문은 잘 택해지는데 그 상황에 어떻게 적용할 것인가는 대단히 고민이 되어서 렉셔너리가 좋겠다고 생각했습니다. 본문을 정하는 데 어려움을 갖고 있는 젊은 분들은 렉셔너리를 이용해 설교해 보시기 바랍니다. 저는 그것을 가지고 주석도 해 보고 설교하곤 합니다.

우선은 본문을 정확히 이해하는 것이 중요합니다. 목요일쯤 그것이 파악되면 다른 이들의 해석서를 읽고 그런 문제를 가지고 설교한 분들의 설교를 봅니다. 저는 언제나 설교를 월요일에는 탈고합니다. 그런데 가끔 이상한 것은, 느닷없이 그 전주 토요일 밤에 설교를 바꿔야겠다는 생각이 드는 겁니다. 그때까지 준비해 왔는데 갑자기 맘에 안 드는 거예요. 그런데 그것이 오히려 큰 은혜가 된 적이 많았습니다.

지난 3주 동안 미국에서 부흥회를 인도하는 바람에 이번 주일예배 설교는 잘 해야겠다는 마음을 먹었습니다. 그래서 미국까지 노트북을 가지고 갔죠. 유니언 신학대학교의 게스트 하우스에서 머물면서 설교를 준비했습니다. 하나님의 비전, 아브라함의 비전이라는 제목으로 잘 준비하였지요. 그런데 토요일 오후였습니다. 인쇄업자가 주보를 만들기 위해 설교 본문과 제목을 달라고 하길래 파일을 만지는 순간, 그만 노트북 조작 실수로 원고가 날아가 버리고 만 것입니다. 대단한 부담이었습니다. 하는 수 없이 설교를 새로 준비하였지만, 오히려 제가 큰 은혜를 받았습니다. 아무리 준비한다고 해도 하나님과 끊임없이 씨름하면서 기도를 통해 얻는 영감이 대단히 강력하다고 생각합니다.

정양희 저는 2주 전부터 설교를 준비합니다. 원고는 아직 쓰지 않고 그 주의 설교를 준비하면서 함께 구상하는 것이죠. 저는 강의 설교를 하는데 스트레스가 대단합니다. 1주 정도는 성경 읽으며 묵상하고, 월요일 새벽에 대강 뼈대를 세운 뒤, 일주일 동안 묵상하면서 금요일 저녁에 쓰기 시작합니다. 그리고 심야기도 때 그것을 붙들고 기도하고, 토요일에 많이 다듬습니다.

설교는 좀 더 일찍 시작할수록 좋은 것 같습니다. 얼마 전에 아파서 심방도 못 하고 설교 준비만 한 적이 있는데 큰 은혜가 있었습니다. 지금은 일이 많아서 설교의 능력이 떨어지는 것 같아요. 시간을 많이 투자해야겠다는 생각을 합니다.

저는 설교 원고가 월요일엔 뼈대가 나와야 일주일이 잘 지나갑니다. 금요일까지 탈고가 안 되면 대단히 불안해요. 아무리 늦어도 심야기도회 전까지 하려고 하죠. 그리고 한편으로는 다음 주의 설교를 준비하며 말씀을 읽고 묵상합니다.

남의 설교를 인용하면 힘 있게 나가지 못합니다. 소리를 질러도 속에서는 맥이 빠져요. 그러나 남의 설교라도 안 보면 안 됩니다. 발전이 없습니다. 남의 것을 많이 보더라도, 통찰력을 넓혀나가는 선에서 사용을 해야 합니다. 그리고 그것을 가지고 곰국 끓이듯이 묵상하고, 성령의 기름을 입히고, 내 것으로 만들면 힘 있게 됩니다. 요즘 텔레비전만 켜면 대단히 많은 기라성 같은 설교자들이 나옵니다. 그거 인용하면 교인들이 대번 알아요.

김광덕 저는 10년 동안 현장에 있으면서 초교파적으로 많은 분들의 설교를 들었습니다. 필리핀 선교사로 3년을 지낸 후 한국에 와서는 앞으로 감리교회가 어떻게 될 것인가 하는 고민이 있었습니다.

제가 존경하는 전주 안디옥교회는 일명 깡통 교회라 불립니다. 교회 모습이 꼭 깡통 모양을 하고 있고, 교회 재정의 70% 이상을 선교비로 쓰는 교회죠. 원로목사이신 이동휘 목사님은 30대의 목사를 후임으로 쓰고, 일흔 살이 넘은 자신은 선교사로 파송되었습니다. 작년에도 40억 원을 선교하는 데 썼습니다. 그분은 토요일은 무조건 온 밤을 새워 철야하면서 말씀을 준비하십니다. 이미 준비된 것을 가지고 계속 묵상하는 것이지요. 그리고 주일 본문을 수십 년 동안 암송하십니다.

이 질문에 회개하는 마음으로 답한다면, 저는 엉성하게 목회했습니다. 제가 견뎌낸 것은 좋은 교인 주시고, 초등학교 2학년 때 저를 만나 주신 하나님이 계시기 때문입니다. 사실 저는 고 3 때 폐병으로 기도원에서 기도하면서 성경만 읽고 지냈습니다. 정말 엄청나게 성경 읽고 기도했는데, 그것이 목회의 자양분이 되었습니다. 개척하고 10년 동안 6개월은 강대상에 엎드려 기도했습니다. 심방을 최고 많이 할 때는 하루에 26가정을 심방했습니다. 어느 가정에서는 가서 앉으면 본문 제목이 그냥 나오는 거예요. 주일 설교도 그랬습니다. 어느 날은 복싱선수가 춤추듯이 주일을 기다린 적도 있었습니다.

젊은 분들, 정말 독서 많이 하세요. 양을 위해, 교회를 위해서 고민하세요. 책도 읽고, 학문적으로도 연구하시고, 언어도 공부하셔서 최소 8시간 정도만 심방하고 설교하면 우리 감리교회, 희망이 있습니다. 저는 그것을 못해서 회개하고 안타까워하는 마음으로 말씀드립니다. 여러분들, 감리교회의 희망이 되길 바랍니다.

설교 노하우 2 : 나만의 비법

한영제 그럼 이제, 자신의 설교에서 자신만이 갖고 있는 비법 노하우를 공개해 주실 수 있는지요?

박영준 현대에 합당한 메시지를 전할 수 있는가, 현대의 다원화된 상황에서는 꼭 예수여야 하는가, 이렇게 생각할 수 있습니다. 그러나 우리는 설교자로서 가장 중요한 것, 즉 구속사적 메시지가 가장 중요하다고 생각합니다. 요즘 사람들이 너무 분주하고, 세상은 빠르게 돌아가므로, 안식에 관계된 위로와 소망이 현대인들에게 주어야 할 메시지가 아닌가 생각합니다. 그래야 흔들리지 않을 것이라 생각합니다.

전달 방법에 대해서는, 하나님이 세워 주신 나름의 방법들이 있겠습니다만, 저는 설교자가 확신을 가지고 전달해야 한다고 생각합니다. 설교를 들어 보면 저자가 확신을 가지고 하는 것인지, 논리적으로 하는 것인지 압니다. 그러므로 확신을 가지고 열심을 다하는 설교가 요구됩니다. 짧은 시간이지만 땀을 흘리면, 은혜를 받습니다. 최선을 다하는 것이 중요하지요.

특별히 제게 비밀이 있다면, 저는 설교를 다 준비하고 났을 때 그때그때 뭔가 제게 다가오는 느낌이 있습니다. 영감이랄까요, 그런 확신이 오면, 원고를 준비했을 때보다 더 확실한 그런 것을 붙잡습니다. 주일날 새벽이면 이제까지 생각하지 못했던 그런 것들이 잡히곤 합니다. 그러면 그런 것들로 포인트를 틀기도 하죠. 매시간 그런 것은 아니고 가끔 그렇게 합니다. 제가 그것으로 여기까지 목회해 오지 않았나 생각합니다. 그것이 제게 주신 특별한 것이라고 생각합니다.

김영헌 저는 설교를 준비할 때마다, 내가 무엇을 전해야 할 것인가, 설교 내용에 반드시 들어가야 할 것이 무엇인가 고민하다가 이 세 가지는 설교에 꼭 들어가야 한다고 마음속에 가진 표준이 있습니다.

첫째는 케리그마입니다. 저는 지식의 전달자도 아니고, 강의자도 아닙니다. 내가 설교를 하는 까닭은 케리그마입니다. 죄인 된 내가 십자가 위의 그리스도의 은총으로 구원을 얻어 하나님의 자녀가 되었다는 것, 케리그마를 통해 구원을 받게 하는 것, 그게 언제든지 제 설교의 중심에 깔려 있습니다. 멋진 설교를 했을지라도 케리그마가 빠져 있으면 저는 허공을 친 것이라고 생각합니다.

둘째는 하나님의 백성으로서 살아가는 방식을 말해야 한다는 것입니다. 현대의 언어로, 하나님의 축복을 받는 삶을 전하는 것이지요.

셋째는, 우리가 연약한 믿음을 가졌기 때문에 우리가 자꾸 흔들린다는 것입니다. 엘리사의 사건을 보면 도단성에서 엘리사가 본 천군마마가 아람 군대를 다 물리칩니다. 그 끝에 더 이상 아람은 이스라엘을 침범하지 않았습니다. 그 다음 줄에 또 사마리아 성을 둘러쌌다고 말합니다. 이처럼 우리의 신앙의 여정은 싸움의 연속입니다. 흔들릴 가능성이 많습니다. 따라서 흔들리지 않고 천국까지 갈 수 있는 길을 교인들에게 말해야 한다고 생각합니다.

비법이라기보다 제가 늘 끝까지 붙드는 것은, 내가 전달하려는 메시지를 어떻게 지금 살고 있는 사람들에게 잘 적용할 것이냐 하는 것입니다. 우리 감리교 목사님들이 전 세계적으로 지식의 은사도 많고 성경도 제일 많이 알 텐데, 왜 장로교 목사들에 비해 능력 있는 설교가 없다고 하는가? 저는 그렇게 생각하지 않습니다. 우리가 A이고, 다른 교단은 B, C입니다. 그런데 내용에서는 우리가 힘이 있는데, 삶에 적용하는 것에서는 약하다는 것이 문제입니다.

삶에 적용할 때 제일 중요한 것은 감성에 호소하는 것입니다. 감동시키는 것이지요. 어떻게 감동을 줄 수 있을까요? 강의는 인내심을 필요로 합니다. 그러나 설교는 감동이 없으면 메마른 설교라고 생각하기 쉽습니다. 그래서 감동을 주는 제일 좋은 방법은, 정답은 아니지만 제 방법은, 스토리텔링입니다. 그래서 저는 가능하면 설교를 스토리텔링으로 엮으려고 노력합니다. 거기에 중점을 두고 지금까지 설교해 오고 있습니다.

정양희 제 생각에, 현대인들은 자기중심적입니다. 요즘 교회 성장에 많은 관심을 가지면서 하나님의 복음이 마인드 컨트롤이나 처세술처럼 되는 경향이 많은데, 우리가 본질을 얘기해야 한다, 그런 용기가 있어야 된다, 그리 생각합니다. 부활도 십자가가 전제되어야 하고, 고난 없는 영광도 없듯, 희생이 있어야 축복이 있는 것입니다. 그런데 축복 얘기하고 평안을 얘기하니 교인은 느는데, 제자가 없습니다. 그래서 현대인에게 균형 잡힌 메시지를 용감하게 전해야 한다 생각합니다.

회개, 희생에 대한 설교 듣기가 참 어렵습니다. 저희 교회도 요즘 교회를 짓고 있는데, 예전보다 프로그램은 훨씬 화려하지만 교인들의 신앙의 열정은 예전만 못 해요. 현대 문화를 따라가면서도, 우리의 본질을 살려야 할 것입니다.

다만 설교를 전달함에 있어서 사랑의 동기를 가지고, 사랑으로 한 것만 열매를 맺습니다. 설교할 때 바른 말 한다고, 설교 잘한다고, 진리 전했다고 사람 변하지 않더군요. 진리의 말씀을 사랑을 가지고 전할 때 변합니다. 교인들은 사랑을 느낄 때 변합니다. 그런데 진리의 말씀은 한편으로 상처가 됩니다. 교인들이 조금 허약하다 보니 말씀을 그대로 전하면, 여린 신앙인들은 떠나가고 많은 이들이 아파합니다. 그래서 저는 어떻게 하면 사랑의 동기를 가지고 전할까 고민합니다.

한참 동안 부부싸움을 한 집이 있습니다. 몇 주 안 나옵니다. 그 집 심방 가서 서로 사랑하라고 설교하면 속 시원하겠지만, 그렇게 안 합니다. 만일 그런 설교를 하면 마음이 여린 성도들은 목사님이 자신들을 질책한다고 여기며, 말씀을 듣는 것이 아니라 마음을 닫아 버립니다. 듣기 원하지 않습니다. 그래서 저는 다른 얘기 합니다. 오히려 평안이라든지 다른 것들을 얘기하면 교인들이 다가서는 것 같아요.

저는 설교를 다 만들어 놓고도 오해가 될 만한 것은, 누가 걸릴 것 같은 설교는 아무리 기발한 것이라도 안 합니다. 주제에 안 맞을 경우에도 아무리 좋은 것이라도 제해 버리지요. 그리고 설교 주제에 맞는 것만을 합니다. 은혜 안 되는 설교는 다 좋아도, 주제에 안 맞으면 하나도 안 좋게 보입니다. 그래서 절제해야 하는데, 사실 이게 힘듭니다. 아깝기 때문에…….

비법에 대해 말한다면, 이전에도 감리교, 장로교 비교하셨는데, 저는 장로교 지방에서만 목회했습니다. 저희 교회 옆에도 5만 명 되는 교회가 있습니다. 이 양반들 왜 저렇게 은혜를 받을까, 감리교 목사들이 실력과 지성에서 앞서는데 왜 자꾸 저기로 모여들까 고민해 보았습니다. 제가 발견한 것은 세 가지였습니다. 첫째는, 그들은 설교할 때 성경적 언어로 한다는 것이었습니다. 우리는 문화적 언어로 합니다. 방향은 맞고 앞선 것이지만, 자칫 맹탕이 될 수 있어요. 죽도 밥도 안 되는 것이지요. 그래서 오히려 성경의 언어로 말할 때 교인들이 안정감을 갖는다, 이리 생각합니다.

둘째는, 이들은 틀을 가지고 있습니다. 그런데 감리교 목사들은 솔직하고 자연스러워요. 우리는 꾸밈이 없지만, 장로교에는 틀이 있는 것입니다. 그들은 걷는 것에도, 성경을 쥐는 것에도, 말하는 것에도 틀이 있습니다. 그것은 반면 안정감을 줍니다. 저는 그것이 싫은데, 그래도 우리가 너무 열어젖히는 것이 아닌가 생각됩니다. 카리스마는 신비감에서 나오고, 신비감은 모르는 데서 나오는데, 근데 우리는 성도들과 너무나 친합니다. 같이 목욕도 가고, 농담도 하고…그러니 신비감도, 카리스마도 없는 것이지요. 저는 웬만하면 교인들하고 거리를 둡니다. 그 방법밖에는 없어요. 다가설수록 인간은 실망하게 됩니다. 교인들 앞에서는 말도 아끼고 가급적 피해 다니지요. 우리가 그 틀을 만들어 나가는 것을 너무 부정직하게 생각하지 말고, 교육적 효과 면에서 필요한 면도 있지 않나 생각해 봐야 할 것입니다.

셋째는, 결정적인 것인데, 이들은 대단히 신본주의적이고 하나님 중심적입니다. 인간의 노력은 하여튼 100% 부정하는 것처럼 나옵니다. 그것이 교인들에게 또 안정감을 주어죠. 성경을 볼 때 우리가 그런 면을 간과하지 않나 싶습니다. 어떻게든 하나님 중심으로 보는 것, 인간의 전적 타락, 하나님의 절대 은총, 모든 것이 하나님의 은혜요, 모든 것을 하나님께 영광 돌리고, 전적으로 영적인 것을 말하는 것…우리도 설교에서 영적인 깊이를 캐내는 것을 배워간다면 그들을 충분히 넘어설 수 있다고 믿습니다.

김광덕 저는 이 모임이 감리교회 목회자들을 섬기기 위함이라고 생각합니다. 월간지 「기독교세계」를 만드는데 거기에 교역자 임면 공고가 너무 많이 나옵니다. 왜 그럴까요? 새문안교회는 오랜 역사를 가졌음에도 지금 목사님이 6대째이십니다. 그리고 한 분은 북한으로 납치당하셨고요. 종교교회와 정동교회는 지금 22대 목사님이 담임하고 계십니다.

제가 가끔 감리교 본부 16층에서 웁니다. 여름성경학교 교재가 나오면

한 교회에서 한 권만 가져가는 교회가 많습니다. 어려운 교회들이 이렇게 많은 것이죠. 우리는 은혜로 삽니다. 그래서 모든 바울 서신에 '은혜가 있을지어다' 말씀하는 것입니다. 저는 여기까지 은혜로 왔습니다. 목회자들이 아무리 지혜로워도 은혜로운 목회를 하지 않으면 교회 바꿔야 합니다.

하나님이 제게 주신 은혜, 그것은 첫째, 비전입니다. 칭기즈칸 몽고 군대가 100만인데, 군인은 10만 명뿐이었습니다. 그들이 세계를 제패했습니다. 그들의 시력은 2.4였습니다. 멀리 땅 끝을 볼 수 있는 사람들이었죠. 저는 2030년에 선교사 100만 명을 보내게 해 달라고 기도하고 있습니다. 비전이 지상 명령입니다. 하나님이 제게 그런 은혜를 주셨어요. 예수 안 믿으면 지옥 가는데 하는 안타까움 속에서 예수님 이름을 예닐곱 번 부르면 눈물이 나와요, 지금도……. 그런 비전이 있기에 제가 아직 열정이 살아 있습니다.

본부에 있으면 두렵습니다. 하나 잘못하면 사정없이 돌멩이를 던져 대서 무서운 게 아니라, 얼마나 추우면 저러실까, 아스피린이라도 약이라도, 이불 덮어 드려야 그런 생각이 듭니다.

둘째는 주님 은혜에 너무 감격해서 모든 것을 주님께 드리고 싶다는 것입니다. 비전과 열정과 희생, 그것을 가지고 조상들이 심은 것 없는데 제가 여기까지 왔습니다. 더 큰 은혜 속에서 더 크게 쓰임 받길 바랍니다.

"나는 그의 설교를 본받고 싶다"

한영제 네 번째는 혹시 설교자 되시는 목사님들께서 본인 이외에 다른 설교자들을 선호한다면 누구이고, 왜 그런지에 대해 묻고 싶습니다.

박영준 제가 가까이하는 분은 백문현 감독님이십니다. 왜 이분을 좋아하느냐면, 이분은 성도들에게 많은 은혜를 끼치고 또 정치적인 활동을 하시지 않는 분 같아요. 감독을 하시긴 했지만 제가 느끼기엔 그래요. 또 설교하시는 음성이 참 좋습니다. 제 아내도 백 감독님의 설교하시는 음성을 좋아합니다. 동글동글 많은 사람들을 어루만지는 그런 음성이죠.

안양교회가 그분이 처음 가셨을 때는 참 어려웠습니다. 그러나 지금은 평안하고 화평하게 되었습니다. 장로님들 중에 목사님을 타깃으로 삼는 분이 있는데, 그런 분이 있다는 소문을 들어도 절대 부딪히지 않고 화목하고 평화롭게 목회하는 분이기 때문에 저는 그 분을 선호하고 멘토로 삼고 있습니다. 지금 얼마나 많이 부흥되었는지 모릅니다. 누구는 잘 가르쳐 제자 만든다 하지만, 성도가 많아야 제자도 많이 나오지 않겠습니까? 그분께 많은 지도를 받고 있습니다.

김영헌 제가 좋아하는 목사님들이 참 많습니다. 웨슬리 회원분들 설교에서도 참 많은 감동을 받곤 하는데, 저는 외국 분들 중에서 두 분을 말씀 드리려고 합니다. 한 분은 찰스 알렌 목사님입니다. 휴스턴에서 목회하셨고, 감리교회 중 가장 큰 교회를 목회하신 분입니다. 이분은 제가 개인적으로도 만나 뵐 기회가 있었는데. 어떻게 반세기 전에 가장 영향력 있는 목회자로 칭송을 받았는지, 올 때마다 설교를 듣고 얘기도 듣고 그랬는데 그 비결은 네 가지였습니다. 그중 하나만 들면 설교가 대단히 간결하다는 것입니다. 우리나라에도 책이 나와 있어요. 사서 읽어 보시면 참 좋습니다. 간결하고, 분명합니다. 힘이 있습니다. 그래서 듣는 이로 하여금 확신을 줍니다.

또 한 분은 바로 로버트 슐러입니다. 수정교회이죠. 이분은 지금 80이 넘으셨는데도 설교를 계속하고 계십니다. 지난겨울 한국에 오셔서 45분 동안 설교하셨는데, 그 분이 얘기하면 모두 다 진짜입니다. 그 분이 축도하면 내가 진짜 복을 받는 것 같아요. 정말 확실성 있게 증거하는 분이 바로 그 분입니다. 그리고 설교가 끝난 뒤에 책을 소개하셨는데, 「내일을 쓰레기통에 던지지 말라」는 책이었습니다. 이분이 믿음에 대해 네 가지로 정리하셨습니다. 믿음은 팩트이지, 판타지가 아니다. 디씨전(결단)이지, 디베이트(토론)가 아니다. 믿음은 커미트먼트(위임)이지, 결코 아규먼트(주장)가 아니다.

정양희 문제 있는 교회에 부임하셔서 조금씩 조금씩 교회의 기틀을 다시 잡고, 성장시켜 나가는 분들이 많습니다. 그분들은 잘 드러나지 않아요. 그것이 대단히 어려운 일입니다. 그런 분들이 참 위대하시고 훌륭하시다 그리 생각합니다.

김광덕 우리가 욥의 고난을 이야기합니다. 욥은 하나님께 무릎 꿇고 엎드려 회개를 합니다. 죽 읽어 보면 1장부터 38장까지가 모두 하나님의 은혜입니다. 하나님의 은혜가 있어야 회개도 되고 변화도 되는 것이죠. 그런 의미에서 한국교회에서 연합하는 데 제일 많은 선교비를 내고, 교인들이 예배 끝나고 나가면서 행복한 미소를 짓는 교회가 바로 김삼환 목사님이 계신 명성교회라고 생각합니다. 저도 그 교회 가서 은혜 받는 일이 종종 있습니다. 예배 중에 은혜 많이 받습니다. 그리고 성가대가 제일 많아요. 이들은 예배 3시간 전부터 준비합니다. 김삼환 목사님이 이렇게 말합니다. 주일낮예배 때는 희망을 주고, 밤예배 때는 고난도로 무거운 짐을 주는 설교, 그리고 새벽예배 때는 아주 세게, 정말 예언자 설교를 하면서 할 말 못할 말 다 하신다는 겁니다. 그리고 아무리 바빠도 금요일이면 속장들과 구역장들을 만나 친히 일 대 일로 관심을 가지고 관리하신다고 해요. 손님들이 많이 와도, 만나기는 어려워도 나갈 때는 문 앞까지 나와서 인사하시는 그런 분입니다. 그 교회 가 보면 지금까지도 초심을 잃지 않으려고 노력하는 목사님을 볼 수 있어요. 저는 김삼환 목사님이야말로 한국교회에서는 제일 연합 활동에, 선교사들에게 영향을 주면서 헌신하는 분이다 생각합니다.

감리교단에서는 좀 안타깝습니다. 잘 하면 칭찬하고 박수치고 그래야 하는데, 못 그래요. 가끔 광림교회 설교를 들어 보면 아드님도 설교를 잘 하지만, 아버지 김선도 감독님은 연세 드셔서 주름살이 깊음에도 용기와 위로를 주는 설교를 하십니다. 저도 티비를 보면서 은혜가 되고, 유익한 시간이었다 생각이 듭니다. 어떻게 저렇게 할 수 있을까, 언제인가 어떤 외국인이 와서 설교하시는데 감독님께서 미끈하게 통역하시는 것을 보았습니다. 우리가 그런 부분들을 높여 드리고, 띄워 주고, 그래야 하는데 말이죠. 감독님들, 잘 섬겨야 합니다. 작은 교회도 어렵고 존경받아야 하지만, 저는 그런 목회자들도 존경해야 한다고 생각합니다.

질의응답

최이우 짧은 시간이나마 네 분의 이야기를 들을 수 있어서 우리 모두에게 축복이고, 감사합니다. 네 분이 말씀하시는 중에 감리교회와 장로교회의 이야기를 하셨습니다. 사실 류응렬 교수님을 초청한 것은 우리가 평소에 아는 설교 중에 이런 부분들이 보완되어야겠다 생각해서 모신 것입니다. 감리교와 장로교를 비교하면 다양하게 이야기해야 합니다. 설교 한 부분을 가지고 얘기하기에는 어려움이 많습니다. 감리교회에도 설교 잘 하시는 분들이 많습니다. 그런데 우리가 갖고 있는 일종의 콤플렉스가 있어요. 종교교회와 정동교회가 22대, 새문안교회가 6대로 담임하신다는 것을 말씀하셨는데, 그것은 제도의 탓도 있습니다. 우리가 파송제였기 때문이죠.

그러나 장로교회에서는 교회에서 목사님을 모시면 끝까지 모시는 것이 최고의 복이라고 생각해 왔습니다. 따라서 안정된 목회를 지속해 올 수 있는 것이죠. 김광덕 목사님의 의견에 한편으로 동의, 한편으로 반대하면서 이런 것을 말씀드립니다.

그리고 제가 비교할 때, 감리교와 장로교는 차이가 있습니다. 우리는 독불장군 식의 목회를 하는 것입니다. 일장일단이 있어요. 장점은 담임목사의 마인드가 교회에 잘 반영된다는 것이고, 단점은 평신도의 능력을 활용하지 못하고, 조화하지 못하며, 또 부교역자들과도 동역을 하지 않는다는 점입니다. 그것이 우리의 현실입니다. 그러나 좋은 교회에서 담임목사로서 목회하는 동안에 그 교회의 목회도 잘 되겠지만, 부목사님들이 좋은 목회를 배운다는 것이 좋습니다. 그들이 나가서 또 좋은 목회를 할 텐데, 우린 그런 기회가 적습니다.

또 한 가지는 장로교회에서 담임목사를 청빙할 때, 거의 다 부교역자 했던 사람을 청빙합니다. 큰 교회 목사도 거의 부교역자 했던 분을 모십니다. 감리교회는 그런 게 안 됩니다. 부교역자를 잘 인정하지 않습니다. 한국교회의 큰 문제 중 하나는 1970-95년에 한국교회가 400% 성장했습니다. 그런데 1995년부터 2005년도 사이에 개신교회가 마이너스 1.6% 성장하고 가톨릭은 오히려 성장했습니다. 왜 기독교에 대한 안티가 늘어났느냐 하면, 교회가 성장하지 못했기 때문입니다. 가톨릭은 좋은 교회, 개신교는 나쁜 교회, 그리고 그것에 대해 한국교회 지도자들이 적절하게 대응하지 못했다는 것입니다. 작년 1907년 백주년 대회를 준비하면서도, 회개만 주장했습니다. 그때 회개했으니까 이번에도 회개해야 한다는 것이었죠.

또 한 가지 1995-2005년 사이의 문제가 있는데, 현재의 현장에서 나타나고 있습니다. 바로 리더십의 문제입니다. 그때는 어떤 10년이었는가? 한국교회의 리더가 완전히 바뀌는 시기였습니다. 김선도 감독님, 곽전태 감독님, 나원용 감독님 등이 은퇴하셨습니다. 그런데 그런 상황에도 90% 이상의 교회에서 세습을 했습니다. 70대가 은퇴하고 40대가 리더십을 가졌습니다. 그들이 설교는 잘할 수 있을지 몰라도, 리더십은 없습니다. 가질 수 없습니다. 이러한 무기력 현상은 당분간 지속될 것입니다. 명성교회의 카운터 파트너가 감리교회의 광림/금란이라고 볼 수 있는데, 그들이 카운터 파트너가 되기는 힘듭니다. 그들을 무시하는 것은 아니지만 리더십을 못 갖는다는 것은 맞습니다.

우리가 장로교 설교에 대해 가진 열등감을 좀 털어버리고, 우리 자신에 대해 성찰하고 고민하면 이후의 세대는 반드시 달라질 것이라고 생각합니다. 저는 장로교 목사님들과 많은 만남을 가지는데 그들도 대단한 고민을 갖고 있습니다. 젊은 세대가 기도하지 않고, 교회에 대한 충성심이 없다는 것입니다. 우리의 상황도 마찬가지입니다. 우리가 지금 세대에 정신 차리고 힘을 내면 우리에게 희망이 있습니다.

장로교는 그만큼 인프라가 많았습니다. 좋은 교회에서 사역할 기회가 많았고, 부교역자가 담임목사가 될 가능성도 많았습니다. 그래서 학위 마치고 와서 안정적으로 목회할 수 있는 기반이 있었고요. 그리고 장로교는 개체교회 담임목사가 최고의 가치입니다. 감리교도 많이 바뀌었지만, 더 바뀌어야 합니다. 교수님들이 목회자들을 늘 제자라고 생각했는데, 이제는 교수님들 중에도 목회에 관심을 갖는 많은 분들이 나올 것입니다. 학교도 목회적 분위기로 가야 합니다.

오늘 세미나는 큰 의의가 있다고 생각합니다. 장로교 목회자들은 진지하게 배우려고 합니다. 우리가 이런 좋은 분위기를 가지고 나가면 희망이 있다고 생각합니다. 오늘 말씀 감사합니다.

설교, 기술인가? 능력인가?

초판 1쇄 2009년 7월 20일

웨슬리연구회 엮음

발행인 | 신경하
편집인 | 김광덕

펴낸곳 | 도서출판 kmc
등록번호 | 제2-1607호
등록일자 | 1993년 9월 4일

(100-101) 서울특별시 중구 태평로1가 64-8 감리회관 16층
(재)기독교대한감리회 출판국

대표전화 | 02-399-2008   팩스 | 02-399-4365
홈페이지 | http://www.kmcmall.co.kr
            http://www.kmc.or.kr
전자우편 | kmcpress@chol.com
디자인 | 오성야베스 ☎ 02-716-0231

값 10,000원
ISBN 978-89-8430-431-4   03230